GRAMÁTICA
LENGUA ESPAÑOLA

Irma Munguía Zatarain

Martha Elena Munguía Zatarain

Gilda Rocha Romero

LAROUSSE

D. R . © MMVI, por Ediciones Larousse, S. A. de C. V.
Renacimiento núm. 180, México, D. F. 02400

ISBN   970-22-1353-3
978-970-22-1353-6

PRIMERA EDICIÓN   15ª. Reimpresión

Impreso en México — P rinted in M exico

PRESENTACIÓN

El propósito de este libro es iniciar al hablante en el estudio reflexivo sobre la estructura y el funcionamiento de la gramática del español.

Se busca que, de manera eficiente y ágil, el lector conozca el sistema de la lengua y pueda resolver dudas específicas sobre el uso correcto del español. Por ello, los temas se tratan de una manera accesible y se evita terminología técnica, así como referencias a teorías particulares, que pudieran confundir a un lector no especialista.

Este libro está dirigido no sólo a estudiantes, sino también a profesores, profesionales de distintas disciplinas y, en general, a cualquier persona interesada en adquirir una buena formación en la gramática de la lengua española.

La exposición de los temas se ha organizado tomando como base las partes fundamentales de la gramática: fonética y fonología, morfología y sintaxis. En el estudio sobre fonética y fonología se tratan los principios básicos sobre los sonidos y los fonemas del español. En el apartado de morfología se describe y se caracteriza cada una de las categorías gramaticales del español: sustantivo, adjetivo, artículo, pronombre, verbo, adverbio, preposición y conjunción. Finalmente, en la parte de sintaxis se analiza la forma en que se estructuran las oraciones y la función que desempeñan las palabras dentro de éstas.

Se incluye, además, un índice analítico para facilitar la consulta de términos y nociones específicos, así como de ciertas palabras cuya categoría gramatical pudiera presentar dudas; sólo se remite al lector a las páginas donde es posible encontrar definiciones e información indispensable.

Índice

INTRODUCCIÓN

COMUNICACIÓN Y LENGUAJE

La comunicación es un proceso de intercambio de información, de conocimientos, de sentimientos, de opiniones, entre los seres humanos. Los animales también emplean sistemas comunicativos; por ejemplo, las abejas utilizan cierto tipo de movimientos para comunicar cantidad, calidad y ubicación del polen; otros animales emplean sonidos particulares para expresar miedo, agresión, afecto. La diferencia entre la comunicación humana y la animal radica en que la primera utiliza sistemas más complejos, construidos conscientemente, mientras que la comunicación animal está más ligada a los instintos.

La comunicación entre los seres humanos es fundamental para el desarrollo de la vida en sociedad y se realiza mediante el empleo de distintos sistemas o lenguajes. Lenguaje es la capacidad que tienen los seres humanos para crear diversas formas de comunicación. Existen muchos tipos de lenguajes como la pintura, la música, la mímica, la danza, las señales de humo que han utilizado algunas comunidades, pero indudablemente, el más importante es la lengua.

La lengua se diferencia de otros sistemas de comunicación, porque es mucho más eficaz y precisa, además de que es exclusiva de los seres humanos.

Para que el proceso de la comunicación sea posible, es necesario que intervengan seis elementos: hablante o emisor, oyente o receptor, código, mensaje, medio o canal físico y referente.

Hablante o emisor es el individuo que transmite un mensaje.

Oyente o receptor es el destinatario del mensaje emitido por el hablante.

Mensaje es la información que el hablante transmite.

Código es el sistema de signos por medio del cual se elabora el mensaje; por ejemplo, las lenguas son códigos. Es indispensable que hablante y oyente compartan el mismo código para que sea posible la comunicación.

Canal es el medio físico que se emplea para transmitir el mensaje.

Referente es el mundo sobre el cual se habla en el mensaje.

La interacción de estos elementos constituye el proceso de la comunicación y puede representarse de la siguiente manera:

1

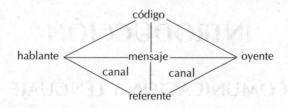

LENGUA Y HABLA

La lengua es un sistema complejo de signos regidos por un conjunto de normas, según las cuales está permitido combinarlos. Cada hablante conoce el código de su lengua y lo emplea para comunicarse.

La lengua es producto de una convención social y constituye una herencia cultural; se adquiere de manera natural y todas las personas están capacitadas para aprender cualquier lengua. Las lenguas son sistemas que le permiten al individuo entender y producir un número ilimitado de oraciones y mensajes, a partir de un pequeño número de signos y de reglas.

El español, el francés, el alemán, el griego, el ruso, el chino, el náhuatl, el quechua, son lenguas empleadas por diferentes comunidades lingüísticas. En la actualidad existen aproximadamente cinco mil lenguas en el mundo.

La lengua es una entidad abstracta; por el contrario, el habla es una realidad concreta pues constituye la realización individual de la lengua. Una sociedad determinada puede conocer y emplear la misma lengua, el español por ejemplo, pero cada miembro de esa comunidad habla de manera distinta; la lengua es de carácter social, mientras que el habla es individual.

A toda persona capaz de ejercer su capacidad lingüística se le llama hablante.

LENGUA HABLADA Y LENGUA ESCRITA

Es difícil establecer el momento en que los seres humanos crearon las lenguas para comunicarse, pero se sabe que la lengua hablada es anterior a la escrita. Es posible encontrar todavía en la actualidad comunidades que desconocen la escritura.

La lengua hablada y la lengua escrita constituyen dos tipos de comunicación, igualmente importantes, con características y funciones propias.

La lengua hablada emplea sonidos y cumple una función comunicativa inmediata; generalmente es un lenguaje espontáneo, el emisor puede rectificar lo dicho y el receptor está en posibilidad de comprender el mensaje en el mismo momento de la emisión. Además, se apoya en la entonación, en las pausas, en cambios de ritmo, y en signos no verbales como los gestos y los movimientos corporales.

La lengua hablada se adquiere con éxito en los primeros años de la vida, sin ningún entrenamiento específico; es suficiente con que el niño esté en contacto con una lengua para que la adquiera de manera natural.

La lengua escrita emplea signos gráficos y la comunicación se establece de manera diferida, es decir, el receptor puede tardar para leer el texto del emisor. El aprendizaje del lenguaje escrito requiere de adiestramiento especial pues implica el dominio de un sistema alfabético y ortográfico. El mensaje generalmente es autónomo y por ello el emisor crea el contexto necesario para ser entendido por el receptor.

Culturalmente, existe la tendencia a otorgar mayor relevancia a la lengua escrita debido a su carácter duradero, lo que ha permitido, en cierta medida, preservar y difundir más ampliamente el conocimiento.

Todas las personas interesadas en el conocimiento de su lengua, deben desarrollar tanto la lengua hablada como la escrita y, para ello, pueden utilizar los recursos propios de cada una de estas dos formas en que se manifiesta la lengua. Tanto la lengua hablada como la escrita, requieren de un contexto cultural para ser aprendidas, las dos son capacidades comunicativas propias del individuo.

LA GRAMÁTICA

Las investigaciones que se han realizado sobre la estructura y el funcionamiento de cada lengua han recibido comúnmente el nombre de gramáticas.

Los estudios gramaticales se iniciaron en Grecia en el siglo V a. de C., aunque la primera gramática no fue escrita sino hasta el siglo II a. de C. por Dionisio de Tracia. Estos estudios se vinculaban con "el arte de escribir", dado que en ese tiempo se consideraba el lenguaje escrito más importante que el lenguaje oral. También de esta época datan las primeras distinciones entre las clases de palabras: nombres, verbos, artículos, adverbios, pronombres, preposiciones, y las categorías de: género, tiempo, caso, voz, modo.

Las gramáticas que los latinos elaboraron después, estaban inspiradas en las aportaciones de los griegos, y las modificaciones que introdujeron fueron mínimas. Muchos de los principios gramaticales clásicos se mantuvieron durante la Edad Media, época en la que se estimuló el estudio del latín. No fue sino hasta el Renacimiento cuando comenzaron a aparecer las gramáticas de las nuevas lenguas europeas: irlandés, islandés, provenzal, francés, español.

Los estudios que nacieron en Grecia, se desarrollaron en Roma y en la Europa medieval, son los que se conocen como gramática tradicional. Esto no significa que en otras regiones del mundo no hayan existido estudios sobre el lenguaje; es sabido que, independientemente de la tradición grecorromana de la que se habló anteriormente, en la India se realizaron investigaciones sobre gramática en el siglo IV a. de C., pero no fueron conocidas en Occidente, sino hasta el siglo XVIII con el descubrimiento del sánscrito.

En Europa se hicieron estudios durante el siglo XIX, con el fin de investigar el origen y el parentesco entre las lenguas, y con ello se desarrolló la gramática histórica. En la primera mitad del siglo XX, tanto en Europa como en Norteamérica, se realizaron investigaciones sobre la estructura de las lenguas, lo que dio origen a las llamadas gramática estructural y gramática descriptiva que lograron importantes avances, entre los cuales se encuentra la descripción de lenguas indígenas americanas. Durante los últimos cincuenta años, aproximadamente, ha recibido gran impulso la llamada gramática generativa que pretende hacer una teoría universal de las lenguas.

La lingüística es la ciencia que estudia las lenguas en todos sus aspectos, y la gramática forma parte esencial de ella. Existen otras ramas de la lingüística que no están vinculadas directamente con la gramática; por ejemplo, la psicolingüística investiga cómo los seres humanos adquieren su lengua materna; la sociolingüística estudia cómo se emplea el lenguaje en la sociedad, en situaciones concretas; la patología del lenguaje estudia los problemas que pueden padecer los seres humanos en el empleo de su lengua.

La gramática estudia el sistema de cada lengua. Las lenguas no son un listado anárquico de palabras; las palabras pueden agruparse según su forma, su función o su significado y, además, existen reglas para combinarlas y poder formar frases y oraciones coherentes. Esto es lo que estudia la gramática. Antiguamente se consideraba la gramática como el arte que enseña a hablar y escribir correctamente un idioma, pero en la actualidad, se define la gramática como la parte de la lingüística que estudia el conjunto de reglas que tiene una lengua, para formar palabras y combinarlas en la construcción de oraciones.

PARTES DE LA GRAMÁTICA

Las partes fundamentales de la gramática son la morfología y la sintaxis; muchos estudiosos incluyen, además, la fonética, la fonología y, en algunos casos, la semántica.

En este libro se tratarán sólo algunos aspectos básicos de fonética y de fonología, indispensables para un conocimiento completo de la gramática del español. La semántica se considerará únicamente como apoyo en la elaboración de las distintas definiciones y clasificaciones.

La fonética y la fonología estudian los sonidos de una lengua; la primera analiza la realización física de los sonidos lingüísticos, es decir, cómo se producen, cómo se perciben y cómo están formadas las ondas sonoras. La fonética se interesa, por ejemplo, en distinguir las diversas pronunciaciones del sonido [b] en español: si es suave como en la palabra *nabo*, o si es fuerte como en la palabra *barco*. La fonología, en cambio, estudia los sonidos, no como realizaciones físicas, sino como representaciones que permiten establecer diferencias de significado. Se interesa en analizar si el cambio de un sonido provoca cambio de significado, por ejemplo: <u>p</u>eso, <u>b</u>eso; s<u>a</u>l, s<u>o</u>l.

La morfología estudia cómo se forman las palabras, qué modificaciones sufren para indicar los distintos accidentes gramaticales: género, número, tiempo, modo; establece, además, cuáles son las clases de palabras: sustantivos, adjetivos, verbos, pronombres.

Por ejemplo, en español es posible formar un adjetivo derivándolo de un verbo como en:

Comparable del verbo *comprar*
Variable del verbo *variar*
Considerable del verbo *considerar*

Otro ejemplo es la concordancia, de género y número, que deben observar los artículos y los adjetivos respecto del sustantivo al que acompañan:

La manzana podrida (femenino y singular)
El limón podrido (masculino y singular)

La sintaxis estudia cómo ordenar, coordinar y subordinar las palabras, así como las relaciones que guardan éstas dentro de una oración; por ejemplo:

La hermana de Juan escribe poemas.
Sujeto: *La hermana de Juan*
Predicado: *escribe poemas*

Asimismo, la sintaxis establece la función que cada una de las palabras desempeña dentro del sujeto y del predicado.

La semántica estudia la significación en las lenguas; examina el significado de cada palabra y de las oraciones.

FONÉTICA Y FONOLOGÍA

ELEMENTOS BÁSICOS

SONIDOS, FONEMAS Y GRAFÍAS

Los hablantes de cualquier lengua utilizan sonidos lingüísticos articulados para formar palabras. En la escritura, estos sonidos se representan por grafías o letras.

Un sonido lingüístico se produce por los llamados órganos de fonación del ser humano: labios, dientes, alvéolos, lengua, paladar, glotis, cuerdas vocales, etcétera. Los sonidos que conforman una palabra pueden aislarse y distinguirse entre sí. Existe la convención de transcribir los sonidos entre corchetes: [b], [a], [m].

Un sonido puede presentar variaciones en el momento de articularse, debido a la influencia del sonido que le sigue o le precede; por ejemplo, la [n] de la palabra *nube*, se pronuncia como [m] cuando aparece junto al sonido representado por la grafía **v**: *inv ierno, env ase*; también se advierte una variación junto a los sonidos [g], [f], como en *ang osto, enf ermo*. Las distintas producciones de un mismo sonido, como las diferentes formas de pronunciar la [n], se llaman alófonos.

La fonética estudia la producción de sonidos lingüísticos y las diferentes realizaciones de éstos, es decir los alófonos.

La fonología se ocupa del estudio de los sonidos en tanto unidades que provocan cambio de significado; estas unidades se llaman fonemas y se transcriben entre barras: /n/, /b/, /e/. La fonología no se interesa por las diferencias articulatorias, sino que hace abstracción de éstas; por ejemplo, para las distintas pronunciaciones de [n] establece un único fonema: /n/. Los sonidos son la realización acústica de los fonemas. Estos últimos son unidades abstractas que, sin embargo, los hablantes pueden reconocer, a pesar de las diferencias de pronunciación.

La fonología determina cuáles son los fonemas de una lengua y los organiza dentro de un sistema a partir de sus diferencias fundamentales. Los fonemas /n/, /s/, /t/ son distintos porque la presencia de uno o de otro, en un mismo contexto, ocasiona cambio de significado: *pan a, pas a, pat a*.

Los fonemas del español son veintidós, diecisiete consonantes y cinco vocales. Suelen utilizarse símbolos convencionales para transcribirlos, por lo que su representación gráfica no siempre corresponde a las letras del abecedario:

Fonemas	Ejemplos
/p/	pan
/b/	boca, vaca
/t/	tema
/k/	casa, queso, kilo
/d/	dato
/g/	gata
/f/	feo
/s/	saber, cebra, zarpar
/x/	joroba, gitano
/č/	chorizo
/r/	pera
/r̄/	perra
/l/	lobo
/m/	mesa
/n/	nada
/ñ/	baño
/y/	yeso, llama
/a/	alma
/e/	era
/i/	ira, Paraguay
/o/	ocio
/u/	universo

En algunas zonas del mundo hispanohablante, pueden reconocerse dos fonemas más:

/Θ/ caza, cocer, cima
/ʎ/ valla

El fonema /Θ/ se emplea en varias regiones de España y corresponde a las grafías z y c, esta última ante e o i. El fonema /ʎ/ se utiliza en algunas regiones de España, Colombia, Ecuador, Bolivia, Chile, entre otras.

Las grafías representan los fonemas en la escritura, por ejemplo, la letra **m** transcribe el fonema /m/; la grafía **rr**, el fonema /r̄/; las grafías **b** y **v**, el fonema /b/.

El alfabeto de la lengua española tiene las siguientes grafías o letras que pueden ser mayúsculas o minúsculas; en la columna de la derecha pueden verse los fonemas correspondientes; en algunos casos un fonema puede tener diversas formas de representación gráfica, por ejemplo /b/ puede escribirse como **b** o **v**; en otros casos, una grafía no corresponde, necesariamente, a un fonema específico, por ejemplo **w** y **x**:

Letras Mayúsculas	Letras Minúsculas	Fonemas
A	a	/a/
B	b	/b/
C	c	/k/ o /s/
D	d	/d/
E	e	/e/
F	f	/f/
G	g	/g/ o /x/
H	h	
I	i	/i/
J	j	/x/
K	k	/k/
L	l	/l/
M	m	/m/
N	n	/n/
Ñ	ñ	/ñ/
O	o	/o/
P	p	/p/
Q	q	/k/
R	r	/r/ o /r̄/
S	s	/s/
T	t	/t/
U	u	/u/
V	v	/b/
W	w	
X	x	
Y	y	/y/ o /l̬/
Z	z	/s/ o /Θ/

En 1995 la Real Academia Española dispuso la desaparición, dentro del alfabeto, de las letras **ch** y **ll**; esto no significa que los sonidos que representan ya no existan. Se trata sólo de incluir las palabras que tengan estas letras en las secciones del diccionario asignadas a la **c** y a la **l**.

La falta de correspondencia exacta entre fonemas y grafías suele ocasionar problemas ortográficos:

a) Las letras **v** y **b** representan el fonema /b/: *barco, vanidad*.

b) La letra **c** puede pronunciarse como [s] frente a las vocales **e**, **i**: *cieno, cigarra, celos, cerro*. En todos los demás casos, se articula como [k]: *cresta, coco, clima, cuenca*.

c) La letra **g** se pronuncia de manera distinta; tiene sonido suave ante:
  — ue, ui: *guerrero, guirnalda*
  — a, o, u, ü: *ganar, golosina, gusano, vergüenza*
  Tiene sonido fuerte y suena como [x] ante:
  — e, i: *gelatina, gimnasio*

d) La letra **h** no corresponde a ningún sonido, es decir, sólo es un signo ortográfico, por eso se le ha llamado "h muda": *hilo, zanahoria*.

e) La letra **i** se escribe **y** cuando representa la conjunción *y*: *limones y peras*; también cuando aparece en posición final de palabra, sin ser núcleo vocálico: *muy, estoy, hoy*.

f) En algunos casos la letra **u** no corresponde a ningún fonema, pues no se pronuncia:
  — Después de **q**, ante **e** o **i**: *queso, quizá*.
  — Después de **g**, ante **e** o **i**: *guerra, guisado*. En esta misma posición sólo se pronuncia cuando lleva diéresis: *cigüeña, pingüino*.

g) La letra **x** puede pronunciarse de diferentes maneras:
  — [ks]: *hexágono, examen*
  — [s]: *expectativa, extracto, Xochimilco*
  — [x]: *México*

h) La letra **w** puede pronunciarse como [u] o [b]; en general se emplea en palabras de origen extranjero: *whisky, wat, Wagner*.

VOCALES Y CONSONANTES

Las vocales son sonidos que se producen dejando salir libremente el aire, sin obstrucción; además, todas ellas son sonoras porque en el momento de pronunciarlas hay vibración de las cuerdas vocales. Cada uno de los sonidos vocálicos corresponde a los fonemas /a/, /e/, /i/, /o/ y /u/. Se distinguen entre sí por el grado de abertura de la boca:

a) La vocal /a/ es la más abierta y la lengua se coloca en la parte baja de la boca.

b) La vocal /e/ es más cerrada que la /a/ y la lengua se eleva un poco y se adelanta hacia los dientes superiores. Los labios se alargan hacia los lados.

c) La vocal /i/ es más cerrada que la /e/ y la lengua se aproxima al paladar y a los dientes superiores. Los labios se alargan hacia los lados.

d) La vocal /o/ presenta la misma abertura que la /e/, pero la lengua se coloca hacia atrás, aproximándose al velo del paladar. Los labios se redondean.

e) La vocal /u/ es tan cerrada como la /i/ pero la lengua se aproxima, aún más que en la /o/, al velo del paladar. Los labios se redondean.

Las vocales más abiertas, /a/, /e/, /o/, se llaman fuertes y las cerradas, /i/, /u/, se llaman débiles.

De acuerdo con la posición que adopta la lengua en el momento de producir las vocales, es posible ubicarlas en la cavidad bucal:

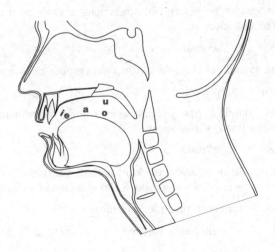

A diferencia de los fonemas vocálicos, los consonánticos representan sonidos que se producen con cierta obstrucción en la salida del aire y se pueden clasificar, básicamente, desde cuatro puntos de vista:

a) Por la sonoridad y la sordez, según si hay o no vibración de las cuerdas vocales, pueden ser:

Sonoras:

/b/ barco	/d/ dona	/g/ agua	/ñ/ añil
/m/ amar	/n/ nido	/l/ luna	
/r/ aroma	/r̄/ tierra	/y/ llama	

Sordas:

/p/ pozo	/t/ tener	/k/ cosa
/s/ sueño	/f/ afilar	/č/ muchacho
/x/ jamás		

b) Por el modo de articulación, es decir, por la forma como sale el aire de la boca, pueden ser:

Oclusivas, cuando existe una obstrucción total y el aire sale bruscamente:

/p/ paño	/t/ metro	/k/ mecánico	/b/ borrar
/m/ mano	/n/ anatomía	/ñ/ año	/g/ gorro
/d/ dátil			

Fricativas, cuando no se cierra completamente el canal de la salida del aire y existe mucha fricción:

/f/ afán	/s/ sonido	/x/ juicio	/l/ ala

Africadas, cuando el aire sale con fricción después de una obstrucción:

/č/ mucho	/y/ llorar

Vibrantes, cuando el paso del aire se interrumpe momentáneamente y la lengua vibra una o varias veces:

/r/ pereza	/r̄/ parra

c) Por el punto de articulación, es decir, por el lugar donde hacen contacto dos órganos de la boca y se produce con ello cierta fricción; pueden ser:

Bilabiales. Se producen uniendo los labios:

/p/ palo	/b/ burro, ventana	/m/ mito

Labiodental. Se produce cuando el labio inferior roza los dientes superiores:

/f/ *f*oca

Dentales o alveolares. Se producen cuando la lengua toca los alvéolos, es decir, la parte interior de los dientes superiores:

| /t/ *t*ener | /d/ *d*isco | /s/ mu*s*a |
| /n/ a*n*imal | /l/ *l*oma | /r/ t*r*aje |

Palatales. Se producen cuando la lengua se apoya en el paladar:

/č/ pe*ch*o   /y/ *ll*orar   /r̄/ a*rr*uinar   /ñ/ ca*ñ*a

Velares. Se producen cuando el dorso de la lengua se aproxima al velo del paladar:

/k/ *k*ilo, e*c*o, *q*uizá   /g/ á*ng*ulo   /x/ Mé*x*ico, me*j*or

d) De acuerdo con la cavidad por donde sale el aire, pueden ser:

Nasales. Cuando el aire sale por la nariz:

/m/ a*m*igo   /n/ a*n*illo   /ñ/ pu*ñ*o

Orales. Cuando el aire sale por la boca; todas las consonantes son orales, excepto las tres anteriores.

En la página siguiente se presentan las consonantes del español, clasificadas según los tres criterios mencionados anteriormente.

Muchos de estos fonemas consonánticos se pronuncian de distintas maneras en varias regiones del mundo hispanohablante. Todas estas variaciones se consideran alófonos. Por ejemplo:

a) /y/ se articula como fricativo, palatal sordo, [š], en zonas de Argentina y Uruguay.

b) /s/ se aspira o no se pronuncia cuando aparece en ciertas posiciones de palabra. Esto ocurre en regiones de Venezuela, Cuba, Puerto Rico, México, etc.

c) /x/ se pronuncia como uvular, es decir que la fricción no se produce en el velo del paladar, sino en la úvula. Esto sucede en algunas regiones de España.

Modo de articulación → / Punto de articulación ↓	Oclusivas Sonoras Orales	Oclusivas Sonoras Nasales	Oclusivas Sordas Orales	Fricativas Sonoras Orales	Fricativas Sordas Orales	Africadas Sonoras Orales	Africadas Sordas Orales	Vibrantes Sonoras Orales	Vibrantes Sordas Orales
Bilabiales	b	m	p						
Labiodental					f				
Dentales o alveolares	d	n	t	l	s			r	
Palatales		ñ				y	č	r̄	
Velares	g		k		x				

LA SÍLABA

Las palabras pueden estar compuestas por una o más sílabas. Sílaba es la unidad mínima que se produce en una sola emisión de voz. En toda sílaba debe haber por lo menos una vocal y es posible que se formen de la siguiente manera:

a) Un fonema vocálico: a-re-na
b) Dos fonemas: ai-re, al-bur
c) Tres fonemas: cue-va, car-go
d) Cuatro fonemas: blas-fe-mia
e) Cinco fonemas: trans-por-tar

Toda sílaba tiene un núcleo silábico que corresponde siempre a una vocal.

A la unión de dos vocales diferentes en una misma sílaba se le llama diptongo: huer-to, an-sia, cie-lo, con-clu-sión, gua-po, ais-lar, pei-ne, lau-rel. Para que dos vocales formen diptongo, es necesario que una de ellas sea débil y átona, es decir sin acento. Si se reúnen dos vocales fuertes, el diptongo se deshace: fa-e-na, La-ti-no-a-mé-ri-ca.

El triptongo es la unión de tres vocales en una misma sílaba. Se forma con una vocal fuerte en medio de dos débiles: es-tu-diáis, sen-ten-ciáis, Cuauh-té-moc, buey.

EL ACENTO

En una palabra, las sílabas pueden ser tónicas o átonas, dependiendo de si tienen o no acento; el acento es la fuerza o énfasis con que se pronuncia una sílaba; todas las palabras tienen una sílaba tónica. Por ejemplo, en la palabra casa (ca-sa), la primera sílaba es tónica y la segunda, átona. En la palabra pizarrón (pi-za-rrón) la última es la sílaba tónica.

El acento puede ser ortográfico o prosódico; el primero se escribe gráficamente, como por ejemplo en las palabras débil, cálido, acuático, razón, colibrí, dátil. El acento prosódico se pronuncia pero no se escribe, por ejemplo: cama, tigre, luz, paladar.

Según el lugar donde se encuentre la sílaba tónica, las palabras se clasifican en:

a) **Agudas**. Su última sílaba es la tónica:

sal-tar   co-rrió   ca-fé

Sólo llevan acento ortográfico las palabras terminadas en **n**, **s**, o vocal:

can-ción   des-pués   fre-ne-sí

15

b) **Graves o llanas**. Su penúltima sílaba es la tónica:

cam-_pa_-na   a-_zú_-car   _ár_-bol

Llevan acento ortográfico todas las palabras que no terminen en **n**, **s** o vocal:

_ú_-til   _néc_-tar   _ás_-pid   _ám_-bar

Las excepciones más comunes son las palabras que terminan en **-ps**, que sí se acentúan:

fór-ceps   _bí_-ceps

c) **Esdrújulas**. Su antepenúltima sílaba es la tónica. Estas palabras siempre llevan acento ortográfico:

_cá_-ma-ra   _quí_-ta-te   _lí_-qui-do   _án_-gu-lo

d) **Sobresdrújulas**. Su pre-antepenúltima sílaba es la tónica. Estas palabras siempre llevan acento ortográfico:

sál-ta-te-lo   a-_rrán_-ca-se-lo

El acento ortográfico se emplea también en los siguientes casos:

a) Cuando aparecen juntas una vocal débil acentuada y una fuerte no acentuada; el diptongo se deshace y la vocal débil recibe el acento ortográfico:

ma-_íz_   e-go-_ís_-mo   ba-_úl_   _bú_-ho

b) Las formas verbales que ya tienen acento, lo conservan aun cuando se les añada un pronombre al final:

sen-_tó_-se   ca-_yó_-se

c) En los adverbios terminados en **-mente**, derivados de adjetivos que llevan acento ortográfico:

_rá_-pi-da-men-te   ri-_dí_-cu-la-men-te   _úl_-ti-ma-men-te

ACENTOS DIACRÍTICO Y ENFÁTICO

Las reglas de acentuación establecen que las palabras monosílabas no llevan acento ortográfico: _fue, vi, sal._ En los casos en que existen dos monosílabos iguales pero con diferente significado y distinta función gramatical, se acentúa uno de ellos para diferenciarse: _sé_ (del verbo saber) y _se_ (pronombre personal). Este acento se llama diacrítico. Se emplea, además, para distinguir palabras no monosílabas, que tienen la misma escritura y la misma pronunciación, pero que poseen significado diferente y que pertenecen a una categoría gramatical distinta: *aquél* (pronombre), *aquel* (adjetivo). A partir de 1999, la Real Academia Española acordó que sólo se usará acento diacrítico cuando pueda haber duda o confusión en la interpretación de la idea escrita.

A continuación se presenta un cuadro con los usos del acento diacrítico:

ACENTO DIACRÍTICO	
tú (pronombre) Tú eres el responsable	**tu** (adjetivo) Tu casa es grande
éste, ésta (pronombre) Éste es el que me delató	**este, esta** (adjetivo) Este perro no es mío
él (pronombre) Él no hizo la tarea	**el** (artículo) El libro se perdió
aquél, aquélla (pronombre) Aquél trajo el dinero	**aquel, aquella** (adjetivo) Aquel camino es largo
mí (pronombre) Sólo pensaba en mí	**mi** (adjetivo) Mi hijo tiene pecas
sí (pronombre y adverbio) Volvió en sí Sí lo realizó	**si** (conjunción) Si vienes, te quedas
sólo (adverbio) Sólo quería un pastel	**solo** (adjetivo) Raúl vive solo
más (adverbio) Dame más almendras	**mas** (conjunción) Lo compró, mas no lo usa
té (sustantivo) Se tomó un té de canela	**te** (pronombre) Te lo dije
sé (verbo) Sé que voy a ganar	**se** (pronombre) José se equivocó
dé (verbo) Quiero que me dé una flor	**de** (preposición) La casa es de madera

El acento enfático se emplea en algunas palabras que tienen sentido interrogativo o admirativo, para distinguirlas de las que tienen un sentido enunciativo o declarativo: *qué* y *que*.

A continuación se presenta un cuadro con los usos del acento enfático:

ACENTO ENFÁTICO	
Interrogativos y Exclamativos	Enunciativos o Declarativos
quién ¿Quién vino ayer? ¡Quién lo viera!	**quien** Díselo a quien quieras
cómo ¿Cómo lo supiste? ¡Cómo llueve!	**como** Lo hizo como pudo
dónde ¿Dónde viviremos?	**donde** Vivo donde nací
cuál ¿Cuál prefieres?	**cual** Compré un libro, el cual no tenía ilustraciones
cuánto ¿Cuánto ganas? ¡Cuánto trabajo!	**cuanto** Es todo cuanto tengo
qué ¿Qué hiciste ayer? ¡Qué desolación!	**que** Dijo que no vendría
cuándo ¿Cuándo llegaremos?	**cuando** Llamó cuando dormías

MORFOLOGÍA

ELEMENTOS BÁSICOS

Las frases y las oraciones están formadas por palabras, y éstas constituyen unidades lingüísticas independientes, con sentido propio, que es posible separar por pausas en el lenguaje oral o por espacios en blanco, en el lenguaje escrito.

La morfología se ocupa del estudio de las palabras: su estructura interna, los procesos de su formación, así como de las modificaciones que sufren para indicar los distintos accidentes gramaticales de género, número, tiempo, modo, entre otros.

MORFEMAS

Las palabras están formadas por pequeñas unidades que tienen significado; estas unidades se llaman morfemas, y no necesariamente coinciden con las sílabas:

niñ-o	cas-a	libr-ero
roj-os	com-ió	deport-ista

Las palabras anteriores tienen dos morfemas:

a) El morfema raíz, llamado también radical o lexema: **niñ-**, **cas-**, **libr-**, **roj-**, **com-**, **deport-**. Éste se mantiene invariable, generalmente, y porta el significado básico de la palabra.

b) El morfema flexivo o derivativo, llamado también desinencia o gramema: **-o**, **-a**, **-ero**, **-os**, **-ió**, **-ista**. Éste siempre varía y agrega el significado de género, número, tiempo, etc.

En algunas ocasiones, una palabra puede estar constituida por un solo morfema:

mar	sol	así	mil
por	no	col	pan

Los procesos morfológicos más importantes que presentan las palabras son tres:

a) Flexión
b) Derivación
c) Composición

FLEXIÓN

La flexión es el procedimiento mediante el cual se agrega una determinada desinencia a un morfema raíz, para indicar las variaciones de género, número, tiempo y, además, para formar aumentativos, diminutivos, despectivos; estas desinencias no provocan cambio de categoría en la palabra a la que se adjuntan; por ejemplo, a la palabra *mesa* se le puede agregar la desinencia de plural -**s**: *mesas*. Tanto *mesa* como *mesas* pertenecen a la categoría de sustantivo. El verbo *comer* se puede flexionar para indicar modo, tiempo, número, persona: *com-**imos***; las dos formas *comer* y *comimos* son verbos.

No todas las palabras sufren este tipo de variación; las únicas que sí lo presentan son:

a) Los sustantivos, adjetivos, artículos y pronombres pueden tener los morfemas flexivos de género y número:

— Género:

escritor-**a**	(sustantivo femenino)
mexican-**o**	(adjetivo masculino)
un-**a**	(artículo femenino)
ell-**a**	(pronombre femenino)

— Número:

lápic-**es**	(sustantivo plural)
verde-**s**	(adjetivo plural)
la-**s**	(artículo plural)
ello-**s**	(pronombre plural)

Para el singular, en español, no se emplea ninguna desinencia: lápiz, verde.

b) Tanto a los sustantivos como a los adjetivos, se les pueden agregar morfemas flexivos para formar aumentativos, diminutivos o despectivos:

— Aumentativos:

cas-**ota**   grand-**ote**

— Diminutivos:

cas-**ita**   pequeñ-**ito**

— Despectivos:

cas-**ucha**   delgad-**ucho**

c) Los adjetivos pueden expresar grado superlativo, empleando también morfemas flexivos:

facil-**ísimo**   dulc-**ísimo**

d) Los verbos pueden tener morfemas flexivos para expresar modo, tiempo, persona y número:

compr-**aste**   regres-**ará**

En la primera palabra, la desinencia indica modo indicativo, tiempo pasado o pretérito, segunda persona y singular. En la segunda, modo indicativo, tiempo futuro, tercera persona y singular.

Las preposiciones, las conjunciones y los adverbios son palabras invariables, desde el punto de vista de la flexión:

con	sin	desde	(preposiciones)
y	que	ni	(conjunciones)
ahora	cerca	luego	(adverbios)

Sin embargo, en el lenguaje coloquial de ciertas regiones del mundo hispano-hablante, es posible encontrar flexión en algunos adverbios: *ahorita*, *cerquita*, *lueguito*.

DERIVACIÓN

La derivación es el procedimiento que consiste en agregar un morfema derivativo a una raíz para formar una nueva palabra; es muy común que los procesos de derivación provoquen cambio en la categoría de las palabras y en su significa-do. El número de morfemas derivativos en español es muy grande, por ejemplo:

a) El morfema -**ción** se agrega a raíces verbales para formar sustantivos:

traduc-**ción**   produc-**ción**   reten-**ción**

b) El morfema -**ble** se agrega a raíces verbales para formar adjetivos:

lava-**ble**   compra-**ble**   recomenda-**ble**

c) El morfema -**mente** se agrega a raíces adjetivas para formar adverbios:

fácil-**mente**   rápida-**mente**   loca-**mente**

Las palabras que sirven de base para la formación de derivados se llaman primitivas; las palabras resultantes, derivadas.

Los morfemas derivativos se llaman prefijos, infijos o sufijos, según donde se coloquen: al principio, en medio o al final de la palabra o raíz a la que se adjunten:

a) Prefijos:	**des**-hacer	**a**-banderar	**re**-conocer
b) Infijos:	Carl-**it**-os	azuqu-**ít**-ar	
c) Sufijos:	revela-**ción**	recibi-**dor**	repres-**ivo**

COMPOSICIÓN

La composición es el procedimiento que consiste en unir dos o más palabras para formar una nueva. En la composición pueden participar casi todas las categorías gramaticales; algunas de las combinaciones más comunes son:

a) Sustantivo + sustantivo: bocacalle   aguamiel
b) Verbo + sustantivo: limpiabotas   sacapuntas
c) Adjetivo + adjetivo: claroscuro   agridulce
d) Sustantivo + adjetivo: vinagre   pelirrojo

CLASES DE PALABRAS

Todas las palabras pueden agruparse en categorías gramaticales o clases de palabras, dependiendo de su estructura, de la función que desempeñen dentro de la oración y de su significado. Las clases de palabras que existen en español son ocho: sustantivo, adjetivo, artículo, pronombre, verbo, adverbio, preposición y conjunción. La interjección no constituye una categoría o una clase de palabra, dado que en este grupo se incluyen diversos tipos de palabras que, al usarse como interjecciones, equivalen a una oración: ¡fuego!, ¡ay!, ¡bravo!

EL SUSTANTIVO

El nombre o sustantivo es la clase de palabra que se emplea para designar todos los seres y entidades: personas, animales y cosas, ya sean concretos, abstractos o imaginarios:

mujer	niño	hombre	ratón	tigre
mesa	tierra	monstruo	cielo	esperanza
pobreza	fórmula	idea	fantasía	vanidad

Otras clases de palabras, como los adjetivos, verbos, preposiciones, conjunciones, adverbios, pueden sustantivarse; es decir, sin ser sustantivos, es posible usarlos como tales. El procedimiento más común para sustantivar una palabra es mediante el empleo de un artículo:

a) Adjetivos. Es la clase de palabras que suele sustantivarse más frecuentemente; para hacerlo se emplea el artículo en masculino, femenino o neutro:

Los argentinos perdieron el partido.
La perezosa no quiso hacer ningún esfuerzo.
Queríamos lo necesario.
Todos anhelamos lo bueno.
Unos extraños abrieron la puerta.

b) Verbos. Se sustantivan las formas infinitivas:

Se escuchaba el alegre cantar de los pájaros.
Me encantan los amaneceres en el mar.
Amar es una condena.

c) Adverbios:

Sólo importan el aquí y el ahora.
Nunca se oyó un jamás de sus labios.

d) Preposiciones:

Los con que utilizaste en ese artículo son excesivos.
Julio siempre me lleva la contra.

e) Conjunciones:

Desconozco el porqué de su proceder.
Jorge siempre pone peros a las novelas que lee.

ACCIDENTES GRAMATICALES

Los sustantivos son palabras variables, es decir, presentan distintas desinencias para indicar los accidentes gramaticales de género y número; también para formar aumentativos, diminutivos y despectivos.

A) Género

En la lengua española, los sustantivos sólo pueden ser masculinos o femeninos; si se refieren a personas o a algunas especies de animales, el género alude a la calidad de mujer o hembra y a la de varón o macho:

Mi vecina piensa viajar a Bogotá.	(Sustantivo femenino)
Llegaron los albañiles que contraté.	(Sustantivo masculino)
Las leonas cuidan mucho a sus cachorros.	(Sustantivo femenino)
El oso polar es de color blanco.	(Sustantivo masculino)

Los sustantivos que se refieren a cosas también tienen género, masculino o femenino, aunque éste no corresponda a ninguna distinción sexual; se trata de palabras que adoptaron un género determinado desde los orígenes de la lengua española:

El mes entrante visitaremos esa ciudad.	(Sustantivo masculino)
La luz de la pantalla me molesta.	(Sustantivo femenino)

La distinción de género frecuentemente se marca mediante el uso de las desinencias -o, para el masculino, y -a para el femenino; sin embargo, es posible encontrar los siguientes casos:

a) Palabras masculinas terminadas en -a:

problema   sistema   esquema   drama

b) Palabras femeninas terminadas en -o:

mano   soprano
modelo (cuando se refiere a una mujer que modela ropa)

c) Sustantivos femeninos que se usan abreviadamente, mantienen el género aunque terminen en -o:

moto (motocicleta)   foto (fotografía)   polio (poliomielitis)

d) Sustantivos con otras terminaciones, diferentes de -o y -a:

Masculinos: alacrán, pez, diamante, atril, banquete, motor.
Femeninos: cicatriz, intemperie, soledad, gratitud, razón, costumbre.

Los sustantivos femeninos se forman, generalmente, de la siguiente manera:

a) Cuando el sustantivo masculino termina en consonante, se agrega una -**a**:

doctor   doctora
pintor   pintora
león   leona

b) Cuando el sustantivo masculino termina en -**o**, se cambia por -**a**:

hijo   hija
secretario   secretaria
gato   gata

Algunas excepciones en la formación del femenino son las siguientes:

a) Sustantivos que emplean desinencias irregulares para marcar el género:

emperador	emperatriz	actor	actriz
gallo	gallina	rey	reina
duque	duquesa	abad	abadesa

b) Sustantivos que tienen formas distintas para el masculino y para el femenino:

toro	vaca	padre	madre
caballo	yegua	hombre	mujer

c) Sustantivos que emplean la misma forma para ambos géneros:

araña   hormiga   pelícano   águila

Los sustantivos que aluden a cosas no admiten cambio de género:

Masculinos: mantel, jardín, libro, polvo, alambre, tapete.
Femeninos: mesa, calle, pared, sangre, nube, lluvia.

Algunos sustantivos que aceptan cambio son: *flor-flora, fruto-fruta, leño-leña, huerto-huerta, olivo-oliva*; sin embargo, en estos casos, cada una de las palabras cambia un poco su significado, por lo cual suelen emplearse en contextos diferentes.

Existen sustantivos que no presentan variación para marcar el género, pero que aceptan ser acompañados tanto por el artículo masculino, como por el femenino:

el mar	la mar	el mártir	la mártir
el cónyuge	la cónyuge	el artista	la artista

B) Número

Los sustantivos sólo tienen dos números: singular y plural. El primero se refiere a una persona, animal o cosa; carece de una desinencia específica. El plural alude a dos o más entidades y se marca, generalmente, con los morfemas **-s** o **-es**, de acuerdo con las siguientes reglas:

a) Se añade **-s** a los sustantivos:

— Terminados en vocal no acentuada:

pera	peras	estudiante	estudiantes
calle	calles	batalla	batallas
mesabanco	mesabancos	patio	patios

— Terminados en **-e** tónica:

café	cafés	té	tés
pie	pies	chimpancé	chimpancés

b) Se añade **-es** a los sustantivos:

— Terminados en consonante:

comedor	comedores	reloj	relojes
mantel	manteles	control	controles
vaivén	vaivenes	túnel	túneles
raíz	raíces	pez	peces

(Los sustantivos terminados en **-z** hacen su plural con la desinencia **-ces**.)

— Terminados en **-y**:

ley	leyes
rey	reyes

— Terminados en vocal acentuada:

rubí	rubíes	bambú	bambúes
tabú	tabúes	alhelí	alhelíes

Salvo las siguientes palabras: *mamá-mamás, papá-papás, sofá-sofás.*

Las excepciones más comunes en la formación del plural son:

a) Los sustantivos cuya forma singular termina en **-s**, no añaden ninguna desinencia para el plural; éste se marca con el artículo:

el lunes	los lunes	el tocadiscos	los tocadiscos
la tesis	las tesis	la crisis	las crisis
el análisis	los análisis	el énfasis	los énfasis

b) Los sustantivos que únicamente se emplean en su forma plural:

| nupcias | albricias | víveres |
| enseres | creces | exequias |

c) Algunos sustantivos de origen extranjero forman el plural añadiendo -s:

| complot | complots | coñac | coñacs |
| carnet | carnets | jet | jets |

C) Aumentativos, diminutivos y despectivos

Los sustantivos pueden flexionarse para indicar aumento o disminución en el significado, así como para expresar burla o desprecio:

a) Aumentativos. Las desinencias más comunes son **-on**, **-ona**, **-azo**, **-aza**, **-ote**, **-ota**:

hombre	hombrón	casa	casona
perro	perrazo	comida	comidaza
libro	librote	cuchara	cucharota

b) Diminutivos. Las desinencias más comunes son **-ito**, **-ita**, **-illo**, **-illa**, **-ico**, **-ica**, **-in**, **-cito**, **-cita**:

dibujo	dibujito	guitarra	guitarrita
árbol	arbolillo	flor	florecilla
zapato	zapatico	galleta	galletica
niño	niñín	. . . .	. . . .
hombre	hombrecito	mujer	mujercita

c) Despectivos. Algunas de las desinencias más comunes son: **-uza**, **-aco**, **-zuelo**, **-zuela**, **-ucho**, **-ucha**; en ocasiones, **-illo**, **-illa**:

gente	gentuza	libro	libraco
escritor	escritorzuelo	mujer	mujerzuela
papel	papelucho	revista	revistucha
hombre	hombrecillo	página	paginilla

CLASIFICACIÓN DE LOS SUSTANTIVOS

Los sustantivos pueden clasificarse por su significado en tres grupos:

A) Concretos y abstractos

Los sustantivos concretos designan seres o entidades reales o imaginarios que pueden verse o representarse:

lobo	banco	polvo	árbol	bruja
duende	ángel	fantasma	lumbre	ceniza

Los sustantivos abstractos se refieren a entidades no concretas, procesos, fenómenos, ideas o conceptos:

desarrollo	maldad	sabiduría	rigor
pensamiento	optimismo	vitalidad	blancura

B) Comunes y propios

Los sustantivos comunes nombran entidades genéricas, no particulares:

cuadro	tierra	hoja	nariz
mosca	bolsa	piedra	hormiga

Los sustantivos propios designan el nombre particular de personas, ciudades, montañas, ríos, países, etc. Siempre se escriben con mayúscula:

Mario	Buenos Aires	Hilda
Amazonas	Canadá	Venus

C) Colectivos

Designan un conjunto de seres de la misma clase o especie:

hormiguero	colmena	arboleda

Desde el punto de vista de su estructura, los sustantivos se pueden clasificar en simples, derivados y compuestos.

D) Simples

Están formados por una sola palabra, sin morfemas derivativos:

dátil	vino	azúcar

E) Derivados

Están formados por un radical y uno o más morfemas derivativos:

datilero   vinatería   azucarera

En español existen muchos sufijos y prefijos que comúnmente se emplean para formar sustantivos derivados; algunos de ellos son:

-dad: capacidad, falsedad, necedad, especialidad, personalidad.
-ismo: caciquismo, organismo, surrealismo, naturalismo, comunismo.
-anza: enseñanza, alianza, añoranza, tardanza, esperanza.
-ción: recuperación, pavimentación, recomendación, repetición.
-eza: rareza, bajeza, certeza, agudeza, fiereza.
con-, com- o **co-**: concesión, compadre, compatriota, correlación.
de- o **des-**: devaluación, desconfianza, despropósito, descentralizar.
sub-: subdirector, subclase, subconsciencia, subdivisión.

F) Compuestos

Están formados por dos o más palabras:

bienestar   guardaespaldas   mediodía

EL ADJETIVO

El adjetivo es la palabra que acompaña al sustantivo o nombre para determinarlo o calificarlo; expresa características o propiedades del sustantivo:

libro <u>verde</u>　　　　libro <u>pequeño</u>　　　　libro <u>viejo</u>

Estos adjetivos que acompañan al sustantivo *libro,* cumplen la función de especificar alguna de sus características y se dice que lo determinan, pues al añadir un adjetivo ya no se habla de cualquier libro, sino precisamente de un *libro <u>verde</u>,* o de uno <u>pequeño</u> o de uno <u>viejo</u>.

Un sustantivo puede ser modificado por uno o varios adjetivos:

tema <u>interesante,</u> <u>claro</u> y <u>actual</u>

El adjetivo puede aparecer antes o después del sustantivo al que acompaña:

<u>pequeño</u> río　　　　río <u>pequeño</u>
<u>amable</u> gente　　　　gente <u>amable</u>

Cuando el adjetivo se antepone al sustantivo, recibe el nombre de epíteto; éste se caracteriza por reiterar una cualidad propia del sustantivo:

<u>blanca</u> nieve　　　　<u>mansas</u> ovejas

Frecuentemente, la anteposición del adjetivo puede provocar:

a) Mayor énfasis en la cualidad del sustantivo:

Dijo adiós con <u>profundo</u> dolor.
Aquélla fue una <u>tibia</u> y <u>callada</u> tarde.

b) Cambio de significado:

<u>pobre</u> mujer
mujer <u>pobre</u>

En el primer ejemplo el adjetivo *pobre* puede referirse a desventura, sufrimiento; en el segundo, a pobreza, miseria.

c) Sentido irónico:

¡<u>Bonito</u> humor tiene esa mujer!
¡<u>Gran</u> aportación la que hiciste! Todo salió mal.

Algunos adjetivos siempre se usan antes del sustantivo:

rara vez   mala suerte   libre albedrío
cada semana   mucho pan   otro día

Otros, en cambio, siempre se emplean después del sustantivo:

tecnología vanguardista   lugar común   pista segura

APÓCOPE

Es el fenómeno que consiste en suprimir uno o varios sonidos al final de ciertos adjetivos, cuando éstos se anteponen al sustantivo; algunos de los adjetivos que tienen formas apocopadas son los siguientes:

Forma completa	Forma apocopada	Ejemplos
alguno	algún	Espero que algún invitado traiga vino
bueno	buen	¿Crees que es un buen principio?
ciento	cien	Hay cien hombres pidiendo clemencia
cualquiera	cualquier	Cualquier principiante sabe eso
grande	gran	Tendrán un gran éxito con todo ello
malo	mal	Tiene mal carácter desde entonces
ninguno	ningún	No espero ningún beneficio por este trabajo
primero	primer	Te pagarán el primer mes del año
santo	san	San Agustín escribió sobre el tema del tiempo
tercero	tercer	El tercer lugar recibirá mil bolívares

ACCIDENTES GRAMATICALES

A) Género

Los adjetivos pueden ser femeninos o masculinos y deben concordar con el sustantivo al que acompañan: si el sustantivo es masculino, el adjetivo también debe ser masculino; si el sustantivo es femenino, el adjetivo también debe serlo:

niñ-**o** bonit-**o**   niñ-**a** bonit-**a**
vecin-**o** atent-**o**   vecin-**a** atent-**a**

Los adjetivos masculinos, frecuentemente, terminan en **-o**; los femeninos, en **-a**:

acedo	aceda	interesado	interesada
amarillo	amarilla	feo	fea

Algunos adjetivos masculinos no terminan en **-o**; en estos casos, el femenino se marca añadiendo la desinencia **-a** a la forma masculina:

traidor	traidora	holgazán	holgazana
alemán	alemana	saltarín	saltarina

Los adjetivos que no presentan variación genérica son:

a) Los terminados en **-a** o **-e**:

hombre hipócrita	mujer hipócrita
niño analfabeta	niña analfabeta
funcionario importante	funcionaria importante
profesor influyente	profesora influyente
tío amable	tía amable
poema triste	canción triste
vestido verde	casa verde

b) La mayoría de los adjetivos que terminan en consonante:

cazador audaz	cazadora audaz
pensamiento sutil	idea sutil
gato feliz	gata feliz
hombre cortés	mujer cortés
director joven	directora joven
patio exterior	ventana exterior

B) Número

Los adjetivos tienen dos números: singular y plural. Siempre concuerdan en número con el sustantivo al que acompañan:

árbol seco	árboles secos
estrella luminosa	estrellas luminosas

Generalmente, al adjetivo en singular se agrega la desinencia **-s** para formar el plural:

rojo	rojos	sucia	sucias
brillante	brillantes	inteligente	inteligentes

Cuando el adjetivo singular termina en consonante, se agrega **-es** para formar el plural:

azul	azules	útil	útiles
fácil	fáciles	mejor	mejores

Los adjetivos terminados en **-z**, forman su plural con **-ces**:

feroz	feroces	feliz	felices
audaz	audaces	capaz	capaces

C) Grados

Los adjetivos pueden admitir sufijos para expresar grados de tamaño, intensidad, dimensión, aprecio o desprecio, del nombre al que acompañan. Existen tres grados: positivo, comparativo y superlativo.

a) El grado positivo es el que enuncia la cualidad:

nube blanca   buena cosecha
ojos grandes   mala compañía

b) El grado comparativo expresa una relación de igualdad, inferioridad o superioridad; para formarlo, no se emplean desinencias en el adjetivo, sino que suelen usarse palabras específicas que establecen la comparación:

Igualdad: el muchacho es tan indiferente como su padre.
Inferioridad: el muchacho es menos indiferente que su padre.
Superioridad: el muchacho es más indiferente que su padre.

c) El grado superlativo expresa el grado máximo de la cualidad; la desinencia más común es **-ísimo**:

altísimo	grandísimo	hermosísimo
limpísimo	baratísimo	negrísimo
quietísimo	cieguísimo	rapidísimo

Algunos de los adjetivos que, al formar el superlativo, pierden el diptongo de su raíz, son:

fiel	fidelísimo
nuevo	novísimo
fuerte	fortísimo
cierto	certísimo
diestro	destrísimo

Los adjetivos que terminan en **-ble** forman su superlativo en **-bilísimo**:

amable	amabilísimo
adorable	adorabilísimo
noble	nobilísimo

Los adjetivos que terminan en **-bre** forman el superlativo en **-érrimo**:

libre	libérrimo
célebre	celebérrimo
pobre	paupérrimo

Algunos adjetivos no siguen las reglas anteriores para formar los grados; emplean distintas formas derivadas del latín:

Positivo	Comparativo	Superlativo
bueno	mejor	óptimo
malo	peor	pésimo
pequeño	menor	mínimo
grande	mayor	máximo

D) Aumentativos, diminutivos y despectivos

Los adjetivos pueden flexionarse para formar aumentativos, diminutivos y despectivos; las desinencias que suelen usarse son las mismas que se emplean para el sustantivo:

Adjetivo	Aumentativo	Diminutivo	Despectivo
flaco:	flacote	flaquito	flacucho
soltero:	solterote	solterito	solterón
viejo:	viejote	viejito	viejillo
falso:	falsote	falsito	falsillo

DERIVACIÓN Y COMPOSICIÓN

Los adjetivos pueden formarse por derivación, agregando un sufijo a un verbo o a un sustantivo; algunas de las desinencias más usuales son:

a) **-ico**

carismático	anecdótico	diabólico
mágico	artístico	abúlico

b) **-al**

estomacal	servicial	genial
colegial	integral	sensual

c) **-ble**

asimilable	comprable	inolvidable
incorregible	separable	inquebrantable

d) **-ivo, -iva**

subversivo	caritativo	destructivo
reflexiva	sensitivo	comprensiva

e) **-il**

estudiantil	infantil	varonil
mercantil	grácil	inmóvil

f) **-ado, -ada, -ido, -ida**

golpeado	construido	colgado
lavada	enojada	fatigada
partido	vivido	comido
vestida	sentida	reprimida

g) **-oso, -osa**

tramposo	gozoso	ansioso
avariciosa	filosa	amorosa

Los adjetivos compuestos están formados por dos o más palabras:

boquiabierto	pelirrojo	hispanoamericano
sordomudo	rojinegro	ojiverde

Las desinencias de género y número se colocan en el segundo componente, nunca en el primero:

boquiabiertos	pelirrojas	hispanoamericanas
sordomudas	rojinegros	ojiverdes

CLASIFICACIÓN DE LOS ADJETIVOS

Los adjetivos, según la función que cumplen y el sentido que aportan, pueden clasificarse en calificativos y determinativos.

A) Calificativos

Los adjetivos calificativos añaden algo cualitativo al nombre:

bueno	grande	rubio	cercana
hermosa	cursi	ridículo	gordo
calvo	francés	polvoso	corregido

35

El grupo de adjetivos calificativos es muy grande; entre ellos se encuentran los adjetivos:

a) De color:

blanco   negro   verde   morado

b) Derivados de verbos:

soñado   mordido   roto   esperado

c) Derivados de sustantivos:

escolar   mental   salado   febril

d) Gentilicios. Se emplean para indicar el lugar de origen de la cosa, animal o persona designada por el sustantivo. Se forman, en general, por derivación del nombre de la ciudad, estado, provincia o país correspondiente:

madrileño   veracruzano   egipcio   africano

B) Determinativos

Los adjetivos determinativos son los que limitan o precisan el sustantivo al que acompañan. Se caracterizan porque, a diferencia de los calificativos, no tienen un significado pleno. Se clasifican en: demostrativos, posesivos, indefinidos, numerales, interrogativos.

Adjetivos demostrativos

Los adjetivos demostrativos marcan la distancia espacial o temporal entre la persona que habla y la persona u objeto del que se habla. Siempre concuerdan en género y número con el sustantivo al que acompañan.

Los adjetivos demostrativos son:

Género	Singular	Plural
Masculino Femenino	este esta	estos estas
Masculino Femenino	ese esa	esos esas
Masculino Femenino	aquel aquella	aquellos aquellas

a) *Este, esta, estos, estas,* se usan para seres o cosas que están cercanos temporal o espacialmente a la persona que habla:

Este año ganaré la lotería.   (Proximidad temporal)
Esta fruta tiene un sabor ácido.   (Proximidad espacial)
Me gustan estos perros.   (Proximidad espacial)
Estas mañanas he amanecido feliz.   (Proximidad temporal)

b) *Ese, esa, esos, esas,* se emplean para señalar cosas o personas cercanas al interlocutor:

Ese papel es bueno para dibujar.   (Proximidad espacial)
Esa mujer es extraña.   (Proximidad espacial)
Esos días fueron oscuros.   (Proximidad temporal)
Esas noches fueron tu perdición.   (Proximidad temporal)

c) *Aquel, aquella, aquellos, aquellas,* son adjetivos que marcan distancia temporal o espacial del objeto o persona de quien se habla:

Aquel año sufrió mucho.   (Lejanía temporal)
Aquella niña lleva un vestido verde.   (Lejanía espacial)
Los hombres aquellos son espías.   (Lejanía espacial)
Aquellas horas fueron de angustia.   (Lejanía temporal)

Adjetivos posesivos

Establecen una relación de propiedad entre la cosa o persona nombrada y quien habla (primera persona), o quien escucha (segunda persona), o de quien se habla (tercera persona).

Los adjetivos posesivos pueden presentarse de dos maneras:

a) En su forma completa cuando van después del sustantivo:

esos libros míos
las penas tuyas
los papeles suyos

b) En forma apocopada, es decir, cuando se anteponen al sustantivo pierden su desinencia de género; esto ocurre solamente con los adjetivos *mío, tuyo* y *suyo*:

mis libros
tus penas
sus papeles

Los adjetivos posesivos son:

Singular	Plural	Ejemplos
mío mía	míos mías	Presentaré este cuadro mío La pena mía no tiene remedio
tuyo tuya	tuyos tuyas	Esos perros tuyos ladran mucho Las composiciones tuyas son melodiosas
suyo suya	suyos suyas	Los asuntos suyos no me incumben La tía suya es muy simpática
nuestro nuestra	nuestros nuestras	Ese problema nuestro no tiene solución Robaron nuestras casas
vuestro vuestra	vuestros vuestras	Son vuestros ancestros La casa vuestra me asusta

Las formas apocopadas de los adjetivos posesivos son:

Singular	Plural	Ejemplos
mi	mis	Mi tío es delgado Mis aretes son de plata
tu	tus	Tu café está frío Tus costumbres son raras
su	sus	Su cabello era negro Sus libros están agotados Ellas tenían su dinero

Las formas *cuyo, cuya, cuyos* y *cuyas* se comportan morfológicamente como adjetivos, dado que acompañan siempre a un sustantivo; expresan posesión: *los caballos, cuyo dueño desapareció del rancho, son muy finos.*

Adjetivos indefinidos

Acompañan un sustantivo para distinguirlo de otro y le dan un sentido de imprecisión, de inexactitud. Gran parte de estos adjetivos expresan una idea de cantidad indeterminada. La mayoría de ellos presenta variación de género y número:

Cierta persona me dijo que te casaste.
Todos los individuos exhiben su locura.
Pocas máquinas funcionan bien.
Vi otra película.
Bebió demasiada leche.
Nunca he visto semejante atrocidad.
Ha estudiado diferentes disciplinas.
Nos contaron diversas historias sobre el caso.
Compré varios periódicos.
Cada día que pasa su salud mejora.
Siempre me dices las mismas cosas.
Tanta comida me enferma.
Cualquier persona diría una cosa así.
Algunos amigos creen en la reencarnación.
Ninguna mariposa sobrevivió.

Algunos adjetivos indefinidos presentan formas apocopadas, al anteponerse al sustantivo:

ninguno	ningún:	Ningún invitado llegó.
alguno	algún:	Algún zorro estuvo por aquí.
cualquiera	cualquier:	No es cualquier gente.

El plural de *cualquiera* es *cualesquier*, para el masculino, y *cualesquiera*, para el femenino; estas formas se usan poco.

Adjetivos numerales

Los adjetivos numerales añaden, al sustantivo al que acompañan, un sentido preciso de cantidad o de orden. Se clasifican en: cardinales, ordinales, múltiplos y partitivos.

a) Los adjetivos cardinales expresan cantidad exacta:

Pasó diez años de su vida escribiendo ese libro.
Hace cincuenta y ocho minutos que te espero.
Ha ganado cinco veces.
Quiero vivir más de noventa años.

b) Los adjetivos ordinales expresan un determinado orden en las cosas o personas nombradas:

Este chico ocupa el segundo lugar en su clase.
Vivo en el quinto piso.
Celebramos el decimoquinto aniversario de la revista.

Los ordinales *primero* y *tercero* suelen usarse en sus formas apocopadas *primer* y *tercer*, cuando acompañan un sustantivo masculino:

Gané el primer premio.
Das vuelta en el tercer semáforo.

Los adjetivos ordinales se emplean para referirse a reyes o reinas, papas, siglos, capítulos de los libros, etcétera. En estos casos, se suelen escribir con números romanos:

Juan Pablo I fue papa por muy poco tiempo.
Constantino II fue el último rey de Grecia.
Fue un hombre muy del siglo XX.
Ese dato aparece en el capítulo IV de tu libro.

c) Los adjetivos múltiplos expresan la idea de multiplicación del nombre. En general, se emplean para señalar cantidades pequeñas:

Quiero doble ración de helado.
Este problema puede analizarse desde una perspectiva triple.

En algunos casos, estos adjetivos aparecen en sus formas derivadas: *duplicado, triplicado, quintuplicado*, pero funcionando como sustantivos.

d) Los adjetivos partitivos se emplean para expresar la división de una cantidad en partes:

Me tocó una tercera parte de la herencia.
Estás a medio camino.
Dos cuartas partes de los asistentes están inconformes.
Compró media sandía.

Adjetivos interrogativos

Estos adjetivos se emplean en oraciones interrogativas o exclamativas; siempre se anteponen al sustantivo y se acentúan:

¿Cuál tren tiene dormitorios?
¿Cuáles pájaros emigran en el invierno?
¿Qué películas ganaron un premio?
¿Cuánto dinero gastaste?
¿Cuántas preguntas incluiste en la encuesta?
¡Cuánta gente llegó entusiasmada!
¡Qué pena sienten los desvalidos!

También se emplean en las oraciones interrogativas indirectas, las cuales carecen de los signos de interrogación, pero mantienen la idea de pregunta:

No sé cuántos puntos obtuvo el participante.
Nos preguntamos cuál respuesta daría Cristina a sus padres.

EL ARTÍCULO

El artículo es la clase de palabra que precede al sustantivo para determinarlo y concuerda con él en género y número:

el cielo   la boca
los cuadros   las pinturas
un abanico   una estrella
unos espejos   unas palmeras

Los artículos se clasifican en determinados o definidos e indeterminados o indefinidos:

	Artículos determinados o definidos			Artículos indeterminados o indefinidos	
	Masculino	Femenino	Neutro	Masculino	Femenino
Singular	el	la	lo	un	una
Plural	los	las		unos	unas

Los artículos definidos o determinados se refieren, generalmente, a seres o cosas previamente conocidos por los hablantes; su presencia es casi siempre necesaria junto al sustantivo y se emplean para señalar una entidad en particular o un conjunto genérico:

Necesito la mesa grande.
El sol de la tarde caía sobre la ciudad.
Los seres humanos son mortales.
El pan es alimento básico.

Los artículos indefinidos o indeterminados se refieren a seres o cosas, generalmente, no conocidos o imprecisos para el oyente o el hablante:

Necesito una mesa grande.
Un esqueleto colgaba del techo del consultorio.
Debo comprar unas tijeras.
Se escucharon unos disparos.

El artículo neutro es el que se usa para sustantivar un adjetivo; éste siempre se emplea en su forma masculina singular, y adquiere sentido abstracto:

lo raro   lo difícil   lo escandaloso

También es posible emplear el artículo neutro para acompañar pronombres relativos:

Lo *que* dije estuvo muy claro.
Trajo a la fiesta lo *que* le pidieron.
José Ramón es lo *que* aparenta.

El artículo tiene la propiedad de sustantivar cualquier clase de palabra:

El *¡ay!* de los dolientes se escuchaba a lo lejos.
                                        (Interjección sustantivada)
El *vivir* cómodamente era una obsesión.
                                        (Verbo sustantivado)
El *ayer* era para ellos un tiempo olvidado.
                                        (Adverbio sustantivado)
Un *rojo* pálido se veía en el horizonte.
                                        (Adjetivo sustantivado)

Suele omitirse el artículo cuando el sustantivo expresa una idea indeterminada, indefinida o vaga:

Sólo pensaba en pedir justicia.
Traigan vino, traigan fuego.
Llegaron especialistas de todo el mundo.

Debido al carácter de determinación que poseen los nombres propios, éstos no suelen ir acompañados de artículo; sin embargo, es frecuente encontrarlo en contextos regionales o coloquiales:

a) Ante nombres propios de persona:

el Juan   la Josefina

b) Ante algunos nombres de países:

el Perú   la Argentina

Los nombres propios de países o ciudades pueden llevar artículo cuando están acompañados de un adjetivo que precisa una época determinada:

el México colonial   la Roma antigua

Los artículos *el* y *un* se emplean delante de sustantivos femeninos en singular que empiezan por **a-** o **ha-** con acento ortográfico o prosódico:

el águila	el agua	el hambre	el hampa
un hacha	un ave	un arca	un hada

Cuando estos sustantivos están en plural, o cuando se interpone otra palabra entre el artículo y el sustantivo, se emplean los artículos femeninos:

las águilas	la transparente agua	unas enormes aves

Cuando el artículo *el* va precedido de las preposiciones *de* y *a*, se producen las formas *del* y *al*, por contracción:

Me gusta la casa del electricista.
Voy a ir al parque.

Si el artículo forma parte de un nombre propio no se lleva a cabo la contracción:

Acaba de regresar de El Cairo.
Voy a El Salvador.

EL PRONOMBRE

El pronombre es la clase de palabra que se emplea para sustituir un sustantivo y evitar, en ocasiones, su repetición. Se usa para señalar seres o cosas que se encuentran presentes en el momento en que se realiza la comunicación, o para remitir a algo que se ha mencionado anteriormente:

Ella entregó la carta a su hermana.

Esto no está en orden.

El hombre que leía el periódico tenía una manta sobre sus piernas.

El pronombre *ella* sustituye a alguien en tercera persona que realiza la acción; *esto* indica algo que se encuentra en el entorno de quien habla; *que* remite al sustantivo *hombre*.

La palabra a la que sustituye o se refiere el pronombre se llama antecedente; éste puede colocarse antes o después del pronombre y, en algunas ocasiones, es posible que se encuentre implícito. El antecedente puede ser un sustantivo, otro pronombre, una oración:

a) Pronombres que tienen como antecedente un sustantivo:

La casa que compré es para nuestros hijos.

(Antecedente: *casa*)

Tomó sus manos y las apretó cálidamente.

(Antecedente: *manos*)

Cuando la conoció, Julia era aún muy joven.

(Antecedente: *Julia*)

b) Pronombres que tienen como antecedente otro pronombre:

Algunos vieron el Egeo y les encantó.

(Antecedente: *algunos*)

Todas estuvieron de acuerdo en asistir, pero ninguna se presentó.

(Antecedente: *todas*)

c) Pronombres que tienen como antecedente una oración:

Esta noche voy a leer la novela; te lo juro.

(Antecedente: *esta noche voy a leer la novela*)

No quiero que me prohíban nada. Arnulfo dijo esto con énfasis.

(Antecedente: *no quiero que me prohíban nada*)

A diferencia del sustantivo y del adjetivo, el pronombre carece de significado propio; lo adquiere en el contexto. Frecuentemente, en el lenguaje oral, la situación comunicativa en la que se encuentran los hablantes, es la que permite conocer el significado de los pronombres:

> Todos hablaban al mismo tiempo, éste pedía ser escuchado y aquél decía que debían mantener la calma.

El pronombre *todos* sustituye a los que están presentes, sin precisar la identidad de cada uno; *éste* representa a alguien que se encuentra cerca de quien habla, y *aquél* sustituye a alguien más lejano.

La mayoría de los pronombres presentan variaciones para marcar género masculino y femenino, así como para expresar accidentes de número:

> De las dos casas, ésta me gusta más.
> Ellos no dieron ninguna opinión.

Algunos pronombres poseen género neutro:

> Esto sólo se puede atribuir a su incompetencia.
> Guillermo trabaja y lee mucho; en cambio, Jorge no lo hace.

Los pronombres invariables son los que no marcan género y número:

> Nadie se mostró interesado en su proyecto.
> ¿Qué busca ese muchacho en la playa?

CLASIFICACIÓN DE LOS PRONOMBRES

Los pronombres se clasifican en personales, demostrativos, posesivos, relativos, interrogativos e indefinidos.

A) Pronombres personales

Los pronombres personales se refieren a las distintas personas gramaticales que intervienen en el diálogo:

a) Primera persona. La que habla: *yo, nosotros.*
b) Segunda persona. A quien se habla: *tú, usted, ustedes.*
c) Tercera persona. De quien se habla: *él, ella, ellos, ellas.*

Los pronombres personales son los siguientes:

Primera persona		Ejemplos
Singular	yo	Yo tengo la culpa
	mí	Juan hizo todo por mí
	me	Me reí mucho
	conmigo	Ven conmigo al teatro
Plural	nosotros	Nosotros ya vimos la película
	nosotras	Nosotras estamos bien
	nos	Dije que nos tardaríamos

Segunda persona		Ejemplos
Singular	tú	Tú sabes todo
	usted	Usted no sabe nada
	ti	Compré dulces para ti
	te	De nuevo te engañaron
	contigo	Asistiré contigo a la exposición
Plural	ustedes	Ustedes caminan mucho
	vosotros	Vosotros daréis la conferencia
	vosotras	Vosotras estáis locas
	os	Os lo dije

Tercera persona		Ejemplos
Singular	él	Él habla por teléfono
	ella	Ella estudia inglés
	ello	Por todo ello, no te creo
	sí	De pronto, David volvió en sí
	se	Luis se arregló con esmero
	consigo	Trajo consigo la computadora
	lo	Lo entregué en orden
	la	La encontré llorando
	le	Le prohibí gritar así
Plural	ellos	Ellos están desocupados
	ellas	Ellas hacen ejercicio
	los	Los sorprendí mientras dormían
	las	Las escuché con atención
	les	Les pidió un informe completo
	sí	Todos volvieron en sí
	se	Las mujeres se distinguieron por su trabajo

Además de las formas anteriores, en algunas regiones del mundo hispanohablante, se emplea el pronombre *vos*, que corresponde a la segunda persona del singular: *vos sabés que te espero, vos tenés muy bonitos ojos, vos llegaste temprano*.

Algunos de los pronombres personales suelen incorporarse a verbos: *comerlo, vendiéndole, explicarse*.

Las diferentes formas de los pronombres personales se emplean según las distintas funciones gramaticales que desempeñan en la oración: algunas de ellas sólo se emplean como sujetos, otras como objeto directo o indirecto, etcétera. Estos temas se tratarán en la parte correspondiente a sintaxis.

B) Pronombres demostrativos

Los pronombres demostrativos señalan seres u objetos sin nombrarlos y, por lo tanto, el significado está determinado por el contexto; concuerdan en género y número con su antecedente:

Ésta es la última noticia que te doy.
Compré varios muebles, pero ése no me gusta por modernista.
Aquéllos se mantuvieron inmóviles.

Los pronombres demostrativos son los siguientes:

	Singular			Plural		
Masculino	éste	ése	aquél	éstos	ésos	aquéllos
Femenino	ésta	ésa	aquélla	éstas	ésas	aquéllas
Neutro	esto	eso	aquello			

Las formas de los pronombres demostrativos son las mismas que las de los adjetivos demostrativos. Se diferencian en que los adjetivos siempre acompañan un sustantivo, nunca se acentúan y carecen de la forma para el neutro. En cambio, los pronombres sustituyen un nombre y siempre se acentúan, excepto los neutros:

PRONOMBRES DEMOSTRATIVOS
Éste pone orden en la casa.
Aquél seguía los pasos de su padre.
Dile a ése que se vaya.
¿Puede llamarse progreso a esto?
Eso es lo mejor que conozco.
Aquello era un escándalo.

ADJETIVOS DEMOSTRATIVOS
Este método ya lo había ensayado.
Aquel sacrificio fue inútil.
Repetía ese mismo gesto.

C) Pronombres posesivos

Los pronombres posesivos se refieren a seres, cosas o ideas poseídas por alguien:

> Los <u>suyos</u> se encuentran bien de salud.
> Quiero lo <u>mío</u> en este instante.
> Los <u>nuestros</u> se retiraron del campo de batalla.

Los pronombres posesivos distinguen las tres personas gramaticales y concuerdan en género y número con su antecedente; son los siguientes:

	Singular		Plural	
Primera persona	mío nuestro	mía nuestra	míos nuestros	mías nuestras
Segunda persona	tuyo vuestro	tuya vuestra	tuyos vuestros	tuyas vuestras
Tercera persona	suyo	suya	suyos	suyas

Las formas que se emplean son las mismas que las de los adjetivos posesivos, se diferencian en que estos últimos siempre acompañan al sustantivo, en cambio los pronombres están en lugar del nombre; es muy común utilizar un artículo para formar el pronombre correspondiente:

PRONOMBRES POSESIVOS
Los <u>nuestros</u> hicieron
las diligencias.
Mi tía es morena, la <u>tuya</u> es rubia.
Los <u>suyos</u> te envían saludos.

Lo <u>nuestro</u> se acabó.
Vi que Arturo guardaba lo <u>suyo</u>.

ADJETIVOS POSESIVOS
Los familiares <u>nuestros</u>
lo hicieron.
La ropa <u>tuya</u> no está de moda.
No estaban claros los sueños

<u>suyos</u>.

D) Pronombres relativos

Los pronombres relativos hacen referencia a alguien o a algo que se ha mencionado antes en el discurso o que ya es conocido por los interlocutores:

Me llevé el libro que te prestaron en la biblioteca.
Quienes estuvieron temprano lo hicieron todo.
Lo que me dijiste sobre la novela me pareció muy acertado.

A diferencia de las otras clases de pronombres, los relativos funcionan, en la mayor parte de los casos, como elementos de subordinación de oraciones; esta particularidad será tratada en el tema de sintaxis.

Los pronombres relativos son:

Singular	Plural	Ejemplos
que		La persona que lleva el portafolios es sospechosa
quien	quienes	Quienes entendieron el tema, lo explicaron bien
cual	cuales	Buscaba esas cosas, las cuales se suelen olvidar
cuanto	cuantos	Cuanto dicen de mí es falso
cuanta	cuantas	Cuantas se hallaban en la colina, miraban hacia el valle

El pronombre *que* es invariable y se usa en contextos muy diversos; puede tener como antecedente un sustantivo masculino o femenino, singular o plural, animado o inanimado:

Los días que pasé en el mar fueron inolvidables.
Conocí a un hombre que no sabe mentir.
Rompí las cartas que me envió la directora.

Los pronombres *que, cual* y *cuales* suelen ir acompañados de artículo con el que forman una unidad pronominal:

Dime lo que has decidido hacer.
La época en la cual vivió era asfixiante.
Se quedaba callado el que nunca entendía nada en las conferencias.
Los que percibieron primero el humo, salieron a tiempo del incendio.

Las formas *cuyo, cuya, cuyos, cuyas* se comportan morfológicamente como adjetivos puesto que siempre acompañan un sustantivo; sin embargo, funcionan sintácticamente como pronombres pues introducen oraciones subordinadas adjetivas, como se verá en la parte de sintaxis.

E) Pronombres interrogativos

Los pronombres interrogativos designan seres o cosas cuya identidad se desconoce; están en lugar de un nombre por el que se pregunta. Siempre se utilizan en oraciones interrogativas o exclamativas.

Las formas que se emplean son, en su mayoría, las mismas que las de los relativos, pero los pronombres interrogativos llevan acento; son los siguientes:

a) qué

> ¿Qué trajeron para navidad?
> ¡Qué me cuentas a mí!

b) quién   quiénes

> ¡Quién me lo iba a decir!
> ¿Quiénes pintaron la puerta?

c) cuál   cuáles

> ¿Cuál tendría en mente?
> ¿Cuáles no encontraste?

d) cuántos   cuánta   cuántas

> ¡Cuántos se lamentaron de su suerte!
> Pilar siempre prepara bastante salsa; ¿cuánta preparó hoy para la fiesta?
> ¿Cuántas trajiste el mes pasado?

La forma *cuánto* no es pronombre interrogativo, es adverbio de cantidad: *¿cuánto cuesta?* Es adjetivo cuando acompaña un nombre: *¡cuánto dolor!*

Los pronombres interrogativos también se usan en las oraciones interrogativas indirectas, las cuales carecen de signos de interrogación, pero conservan el sentido de pregunta:

> No escuché qué me dijiste.
> Quería saber cuáles eran las ideas de su amigo.
> Mañana voy a decidir quiénes serán los invitados.

Las formas de los pronombres interrogativos también se utilizan como adjetivos, pero éstos siempre modifican un sustantivo:

PRONOMBRES INTERROGATIVOS	ADJETIVOS INTERROGATIVOS
¿Qué hiciste ayer?	¿Qué propuesta tienes?
¿Cuáles se recibieron a tiempo?	¿Cuáles poemas seleccionaste?
¿Cuántos perdieron la apuesta?	¿Cuántos ganadores hubo?

F) Pronombres indefinidos

Los pronombres indefinidos designan seres o cosas cuya identidad o cantidad es imprecisa, ya sea porque no interesa, no conviene o porque no es posible hacer la determinación; como los demás pronombres, éstos también están en lugar de un nombre:

Alguien me contó la verdad sobre los hechos.
Dale algo para que no llore.
No quiero perjudicar a nadie.

Los más usuales son los siguientes:

alguien	Alguien interpretó muy bien ese papel.
nadie	No quiero ver a nadie.
algo	Algo me dice que hiciste lo indebido.
nada	Ese día no sucedió nada.
cualquiera	Cualquiera entendería esa hipótesis.
alguno, algunos	Incluiremos a algunos en la lista negra.
alguna, algunas	Algunas no lo saben aún.
ninguno	Ninguno cumplió las recomendaciones.
ninguna	Ninguna sospechó que había trampa.
todo, todos	Lo sé todo.
todas	Todas llegaron vestidas de azul.
muchos	Muchos firmaron la solicitud de inscripción.
muchas	Muchas se negaron a dar su nombre.
pocos	Pocos saben manejar esa máquina.
pocas	Pocas conocieron las circunstancias.
varios	Varios se rieron a carcajadas.
varias	Varias saltaron de gusto.
demasiados	Vinieron demasiados y el vino no alcanzó.
demasiadas	Demasiadas pidieron información.
otro, otros	Otros lo sabrán con toda seguridad.
otra, otras	Llegaron otras a media noche.
bastantes	Son bastantes los que no saben qué hacer con su vida.
uno, unos	Cuando uno es joven, piensa que la muerte no existe.
una, unas	Una cree que es fácil interpretar los sueños.

Algunas de estas formas son adverbios cuando se mantienen invariables: *comí bastante, caminé mucho, sé poco, trabajó demasiado*. También pueden ser adjetivos cuando acompañan un sustantivo: *enfrenta muchos problemas, tiene poco sueño, varios cuartos son amplios, otro día vendrán tus amigos*.

EL VERBO

El verbo es la clase de palabra que expresa acciones, actitudes, cambios, movimientos de seres o cosas. Siempre se refiere a las actividades que realizan o padecen las personas o animales, así como a las situaciones o estados en que éstos se encuentran, los cambios que sufren los objetos, las manifestaciones de diversos fenómenos de la naturaleza.

El infinitivo es la forma que se emplea para enunciar los verbos; éste no expresa modo, tiempo, número ni persona. Las tres terminaciones para el infinitivo son: **-ar**, **-er**, **-ir**. Los verbos pueden agruparse, dependiendo de su terminación, en primera, segunda y tercera conjugación:

Primera conjugación	Segunda conjugación	Tercera conjugación
-ar	**-er**	**-ir**
lavar	leer	partir
estudiar	meter	resumir
caminar	correr	vivir
pensar	querer	dividir
gozar	crecer	exprimir

El verbo es la categoría que tiene más accidentes gramaticales. Presenta variaciones en sus desinencias para indicar la persona que realiza la acción, el número de la persona, singular o plural, así como el modo y el tiempo en que la realiza. La característica que presenta la flexión del verbo es que un mismo morfema puede expresar varios accidentes:

com-**o**   primera persona del singular, modo indicativo, tiempo presente.

com-**erás**   segunda persona del singular, modo indicativo, tiempo futuro.

com-**amos**   primera persona del plural, modo subjuntivo, tiempo presente.

A la flexión verbal se le llama conjugación.

ACCIDENTES GRAMATICALES

En los verbos es posible distinguir un morfema invariable llamado raíz y un morfema variable que expresa los distintos accidentes gramaticales: persona, número, modo, tiempo.

A) Persona y número

Mediante una desinencia, los verbos marcan la persona gramatical que realiza la acción, sea singular o plural:

	Singular		Plural	
Primera persona	(yo)	camin-o	(nosotros)	camin-amos
Segunda persona	(tú)	camin-as	(ustedes)	camin-an
	(usted)	camin-a	(vosotros)	camin-áis
Tercera persona	(él)	camin-a	(ellos)	camin-an

Las formas verbales de tercera persona de singular y de plural se emplean también con los pronombres de segunda persona, *usted* y *ustedes*, respectivamente.

B) Modo

Es el accidente gramatical que expresa la actitud del hablante frente a lo que enuncia. En español hay tres modos: indicativo, subjuntivo e imperativo.

El modo indicativo se usa, generalmente, para referir hechos reales, ya sea en pasado, presente o futuro:

Usted trabaja demasiado.
Le gustaban las lentejas.
Descansaremos en las playas orientales.

Para expresar una acción posible, de deseo, de creencia, de duda, se emplea generalmente el modo subjuntivo:

Quiero que Antonio cocine.
Siempre temí que pasara esto.
No sé si haya terminado el trabajo.

El modo imperativo expresa súplica, mandato o ruego; sólo tiene las formas de segunda persona, singular y plural:

Apaga la luz.
Escuchen ese ruido.
Caminad aprisa.

C) Tiempo

Es el accidente gramatical que señala el momento en que se realiza la acción; los tiempos básicos son presente, pretérito y futuro.

Los tiempos verbales pueden ser simples o compuestos. Los primeros se forman a partir de la raíz del verbo, añadiendo una desinencia específica:

cant-**o**   cant-**é**   cant-**aré**

Para formar los tiempos compuestos se utiliza el verbo *haber* como auxiliar conjugado y el participio del verbo de que se trate:

he cantado   hube cantado   habré cantado

Los verbos regulares son los que siguen modelos de conjugación: los terminados en **-ar**, se conjugan como el verbo *amar*; los terminados en **-er**, siguen el modelo del verbo *comer*; los terminados en **-ir**, se conjugan como el verbo *vivir*.

Los verbos que no siguen los modelos anteriores, se consideran irregulares pues presentan variaciones en su conjugación.

Tiempos del modo indicativo

A continuación se presentan los tres modelos de conjugación de los verbos regulares, en los tiempos simples y compuestos del modo indicativo:

Verbos de primera conjugación

Tiempos simples				
Presente	Pretérito	Futuro	Copretérito	Pospretérito
amo	amé	amaré	amaba	amaría
amas	amaste	amarás	amabas	amarías
ama	amó	amará	amaba	amaría
amamos	amamos	amaremos	amábamos	amaríamos
amáis	amasteis	amaréis	amabais	amaríais
aman	amaron	amarán	amaban	amarían

Tiempos compuestos		
Antepresente	Antepretérito	Antefuturo
he amado	hube amado	habré amado
has amado	hubiste amado	habrás amado
ha amado	hubo amado	habrá amado
hemos amado	hubimos amado	habremos amado
habéis amado	hubisteis amado	habréis amado
han amado	hubieron amado	habrán amado

Antecopretérito		Antepospretérito	
había amado		habría amado	
habías amado		habrías amado	
había amado		habría amado	
habíamos amado		habríamos amado	
habíais amado		habríais amado	
habían amado		habrían amado	

Verbos de segunda conjugación

Tiempos simples				
Presente	Pretérito	Futuro	Copretérito	Pospretérito
como	comí	comeré	comía	comería
comes	comiste	comerás	comías	comerías
come	comió	comerá	comía	comería
comemos	comimos	comeremos	comíamos	comeríamos
coméis	comisteis	comeréis	comíais	comeríais
comen	comieron	comerán	comían	comerían

Tiempos compuestos		
Antepresente	Antepretérito	Antefuturo
he comido	hube comido	habré comido
has comido	hubiste comido	habrás comido
ha comido	hubo comido	habrá comido
hemos comido	hubimos comido	habremos comido
habéis comido	hubisteis comido	habréis comido
han comido	hubieron comido	habrán comido

Tiempos compuestos *(cont.)*	
Antecopretérito	Antepospretérito
había comido	habría comido
habías comido	habrías comido
había comido	habría comido
habíamos comido	habríamos comido
habíais comido	habríais comido
habían comido	habrían comido

Verbos de tercera conjugación

Tiempos simples				
Presente	Pretérito	Futuro	Copretérito	Pospretérito
vivo	viví	viviré	vivía	viviría
vives	viviste	vivirás	vivías	vivirías
vive	vivió	vivirá	vivía	viviría
vivimos	vivimos	viviremos	vivíamos	viviríamos
vivís	vivisteis	viviréis	vivíais	viviríais
viven	vivieron	vivirán	vivían	vivirían

Tiempos compuestos		
Antepresente	Antepretérito	Antefuturo
he vivido	hube vivido	habré vivido
has vivido	hubiste vivido	habrás vivido
ha vivido	hubo vivido	habrá vivido
hemos vivido	hubimos vivido	habremos vivido
habéis vivido	hubisteis vivido	habréis vivido
han vivido	hubieron vivido	habrán vivido

Antecopretérito	Antepospretérito
había vivido	habría vivido
habías vivido	habrías vivido
había vivido	habría vivido
habíamos vivido	habríamos vivido
habíais vivido	habríais vivido
habían vivido	habrían vivido

Algunos significados de los tiempos del modo indicativo

El tiempo presente expresa, entre otros sentidos:

a) Que la acción referida sucede al mismo tiempo en que se habla:

Ahora pienso en ti.
Te escucho y creo que te equivocas.
Gritas mucho y me vuelves loco.

b) Acciones que se realizan cotidianamente; se le conoce como presente habitual:

Me levanto temprano entre semana.
Te gustan los desayunos abundantes.

c) Hechos pasados a los que se da un matiz de actualidad; se llama presente histórico:

En 1914 se inicia la Primera Guerra Mundial.
Jorge Luis Borges muere en 1986.

d) Afirmaciones que tienen un carácter universal:

La tierra gira alrededor del sol.
Los seres humanos somos mortales.

e) Acciones referidas al futuro:

Pasado mañana salgo de viaje.
En marzo elegimos presidente del club.

La noción de pasado puede expresarse con varios matices; para ello se emplean los siguientes tiempos:

a) Pretérito. Se refiere a acciones concluidas, acabadas en el pasado:

Lo golpearon con un palo.
Acercó el vaso lleno de leche.

b) Copretérito. Expresa una acción que sucede simultáneamente a otra, realizada en el pasado; también se emplea para acciones que se realizaban habitualmente en el pasado:

Cuando tocaron la puerta, yo dormía.
En nuestra juventud, íbamos muy seguido a la playa.

c) Antepresente. Se utiliza para referir acciones pasadas pero recientemente ocurridas o acciones pasadas que tienen vigencia en el presente:

El volcán ha hecho erupción.
Ha empeorado la situación económica.

d) Antepretérito. Se refiere a acciones anteriores, respecto de otra acción ocurrida en el pasado; actualmente tiene poco uso:

Una vez que hubo acabado el invierno, fuimos a la montaña.

e) Antecopretérito. Se refiere a acciones anteriores respecto de otra ocurrida en el pasado:

El año en que conocí a Roberto, ya había salido de la universidad.
Tú habías cenado cuando llegaron nuestros amigos con la invitación.

El significado de futuro puede expresarse por medio de los siguientes tiempos verbales:

a) Futuro. Se refiere a acciones que aún no se han realizado, pero que se ven como posibles; es muy común el empleo de perífrasis construidas con el verbo *ir* como auxiliar, para expresar este tiempo:

Esta tarde iremos al concierto.
Esta tarde vamos a ir al concierto.

También se utiliza para referir acontecimientos probables o inciertos:

¿Serán verídicos esos rumores?
¿Me avergonzaré mañana por lo que hice?

Expresa, además, mandato, obligación o súplica:

Pedirás perdón por lo que hiciste.
¿Recordarás todo lo que te dije?

b) Pospretérito. Se emplea para indicar tiempo futuro en relación con una acción pasada; también puede expresar posibilidad condicionada a algo:

Me contaron que vendrías a verme.
Si usáramos ese tipo de ropa, nos veríamos ridículos.

Se usa, además, para manifestar una apreciación sobre una acción pasada o futura y para pedir un favor cortésmente:

Ese traje costaría unos veinte pesos hace dos años.
¿Me ayudarías a plantar estos rosales?

c) Antefuturo. Se emplea para expresar una acción venidera, pero anterior en relación con otra que también sucederá en el futuro:

Para cuando tú termines, yo ya me habré dormido.
Para diciembre, habremos pagado las deudas.

Puede indicar duda respecto de una acción que se realizó en el pasado:

¿Me habrán dado el premio?
¿Habrá salido bien de la operación?

d) Antepospretérito. Expresa una acción que hubiera podido realizarse, pero que no se llevó a cabo:

Me habría gustado conocer a Mozart.
A Luis le habría molestado el abandono en que vives.

También refiere una acción futura respecto de otra pero pasada, aunque esa acción futura es anterior a otra acción:

Me aseguraron en la oficina que cuando volviera por la tarde, habrían hecho la llamada pendiente.
Nos prometieron que cuando levantáramos la cosecha, ellos ya habrían encontrado clientes para nuestros productos.

El antepospretérito también suele emplearse para indicar duda y la consecuencia de una condición:

Habrían sido cinco personas las que me persiguieron por la noche.
¿Habría sido necesaria tanta violencia?
Si la hubieras visto bailar, habrías estado orgulloso de ella.
Se habrían evitado muchos accidentes si hubieran quitado la nieve de las carreteras.

Tiempos del modo subjuntivo

A continuación se presentan los tres modelos de conjugación de los verbos regulares, en los tiempos simples y compuestos del modo subjuntivo.

Verbos de primera conjugación

Tiempos simples		
Presente	Pretérito	Futuro
ame	amara o amase	amare
ames	amaras o amases	amares
ame	amara o amase	amare
amemos	amáramos o amásemos	amáremos
améis	amarais o amaseis	amareis
amen	amaran o amasen	amaren

Tiempos compuestos		
Antepresente	Antepretérito	Antefuturo
haya amado	hubiera o hubiese amado	hubiere amado
hayas amado	hubieras o hubieses amado	hubieres amado
haya amado	hubiera o hubiese amado	hubiere amado
hayamos amado	hubieran o hubiesen amado	hubiéremos amado
hayáis amado	hubierais o hubieseis amado	hubiereis amado
hayan amado	hubieran o hubiesen amado	hubieren amado

Verbos de segunda conjugación

Tiempos simples		
Presente	Pretérito	Futuro
coma	comiera o comiese	comiere
comas	comieras o comieses	comieres
coma	comiera o comiese	comiere
comamos	comiéramos o comiésemos	comiéremos
comáis	comierais o comieseis	comiereis
coman	comieran o comiesen	comieren

61

Tiempos compuestos		
Antepresente	Antepretérito	Antefuturo
haya comido	hubiera o hubiese comido	hubiere comido
hayas comido	hubieras o hubieses comido	hubieres comido
haya comido	hubiera o hubiese comido	hubiere comido
hayamos comido	hubiéramos o hubiésemos comido	hubiéremos comido
hayáis comido	hubierais o hubieseis comido	hubiereis comido
hayan comido	hubieran o hubiesen comido	hubieren comido

Verbos de tercera conjugación

Tiempos simples		
Presente	Pretérito	Futuro
viva	viviera o viviese	viviere
vivas	vivieras o vivieses	vivieres
viva	viviera o viviese	viviere
vivamos	viviéramos o viviésemos	viviéremos
viváis	vivierais o vivieseis	viviereis
vivan	vivieran o viviesen	vivieren

Tiempos compuestos		
Antepresente	Antepretérito	Antefuturo
haya vivido	hubiera o hubiese vivido	hubiere vivido
hayas vivido	hubieras o hubieses vivido	hubieres vivido
haya vivido	hubiera o hubiese vivido	hubiere vivido
hayamos vivido	hubiéramos o hubiésemos vivido	hubiéremos vivido
hayáis vivido	hubierais o hubieseis vivido	hubiereis vivido
hayan vivido	hubieran o hubiesen vivido	hubieren vivido

Algunos significados de los tiempos del modo subjuntivo

Los tiempos del modo subjuntivo no expresan con exactitud una temporalidad específica, dado que el propio sentido de irrealidad del modo subjuntivo se lo impide.

El tiempo presente se usa:

a) Para expresar una acción presente o una futura, respecto de otra acción:

No creo que entiendas el significado de esas palabras.
Cuando lea la novela, cambiará de opinión.

b) En oraciones imperativas en primera persona de plural; también en las oraciones imperativas con negación:

¡Brindemos por Cunegunda!
No vengas.
No se desvelen.

El pasado tiene varios matices que se expresan con los siguientes tiempos:

a) Pretérito. Refiere una acción futura respecto de otra acción que siempre se realiza en el pasado:

Te pedí que le hablaras la semana entrante.
Le exigieron que se presentase a declarar en calidad de testigo.

También se emplea para indicar condición:

Si llegásemos a un acuerdo me sentiría más tranquilo.
Abandonaría este trabajo si supiera qué hacer por las tardes.

b) Antepresente. Manifiesta una acción pasada, anterior a otra:

No creo que hayan subido tanto los precios.
Confío en que hayas hecho una buena elección.

También indica deseo o probabilidad de que haya sucedido algo:

Ojalá haya recibido las noticias que deseaba.
Esperamos que no haya habido abstencionismo en las elecciones.

c) Antepretérito. Expresa una acción pasada respecto de otra también pasada:

Nadie imaginaba que Irene hubiera llorado tanto.
No sabíamos que ya hubieras vuelto del extranjero.

Además, se refiere a un deseo o a una posibilidad pasada y que ya no puede realizarse:

¡Quién hubiera tenido tu suerte!
Si no hubieras perdido el pasaporte, podrías venir con nosotras a Dublín.

El futuro se emplea, generalmente, en frases hechas o en textos literarios; indica una acción futura hipotética o una acción futura respecto de otra también futura. Existen dos tiempos para expresar este valor: futuro y antefuturo:

A donde fueres haz lo que vieres.
Si para mañana no hubieres aparecido, llamaré a tus padres.

Tiempo del modo imperativo

El modo imperativo sólo tiene el tiempo presente, en la segunda persona del singular y del plural; sirve para expresar mandato, ruego o súplica:

	Primera conjugación	Segunda conjugación	Tercera conjugación
(tú)	ama	come	vive
(usted)	ame	coma	viva
(vosotros)	amad	comed	vivid
(ustedes)	amen	coman	vivan

En algunas regiones del mundo hispanohablante la segunda persona del singular se expresa mediante el pronombre *vos*, y la forma verbal correspondiente a esta persona sufre modificaciones en el presente de indicativo y de subjuntivo, así como en el modo imperativo:

	Presente de indicativo	Presente de subjuntivo	Imperativo
(vos)	amás	amés	amá
(vos)	comés	comás	comé
(vos)	vivís	vivás	viví

VOZ PASIVA

Los verbos pueden expresarse en voz activa o en voz pasiva. En la primera, el sujeto es el que realiza la acción; en la voz pasiva, en cambio, el sujeto es el paciente, es decir, el que recibe la acción del verbo:

VOZ ACTIVA	SUJETO AGENTE
Gabriel entregó el departamento.	Gabriel
La profesora revisa los ejercicios.	La profesora
Él analizará los resultados.	Él
Ella asumiría las consecuencias.	Ella

VOZ PASIVA	SUJETO PACIENTE
El departamento fue entregado por Gabriel.	El departamento
Los ejercicios son revisados por la profesora.	Los ejercicios
Los resultados serán analizados por él.	Los resultados
Las consecuencias serían asumidas por ella.	Las consecuencias

Para formar la voz pasiva se emplea el verbo *ser* como auxiliar, conjugado, y el participio del verbo principal:

fue entregado
son revisados
serán analizados
serían asumidas

Es posible emplear el verbo *estar* como auxiliar en la formación de la voz pasiva, aunque es menos común:

Los problemas están resueltos.
Los caminos ya están construidos.

La voz pasiva destaca el sujeto paciente, por lo cual se puede omitir el agente de la acción verbal:

Los aspirantes fueron rechazados.
La competencia será suspendida.
La noticia ha sido difundida.

Otra manera frecuente de formar la voz pasiva es mediante el empleo del pronombre *se*, acompañado del verbo en voz activa; este tipo de pasiva se llama refleja y sólo admite sujetos de tercera persona del singular o del plural:

Se esperaban grandes lluvias.
Se aceptó el acuerdo.
Se venden muebles antiguos.

La pasiva refleja suele confundirse con la forma de los verbos impersonales; la diferencia radica en que la voz pasiva tiene un sujeto paciente que concuerda en número con el verbo; los sujetos de las oraciones anteriores son: *grandes lluvias, el acuerdo, muebles antiguos*. En cambio, los verbos impersonales nunca tienen sujeto: *no llueve, aquí se actúa con sinceridad, se discute mucho*.

CLASIFICACIÓN DE LOS VERBOS

Los verbos se pueden clasificar, en términos generales, a partir de los siguientes criterios: por su flexión o conjugación, por su significado y por su estructura.

A) Por su flexión: regulares, irregulares, defectivos e impersonales o unipersonales

Regulares

Son los que al conjugarse no sufren modificaciones en su raíz y siguen las desinencias del modelo al que pertenecen. Algunos verbos regulares son:

Primera conjugación:	lavar	castigar	cantar
Segunda conjugación:	temer	correr	meter
Tercera conjugación:	partir	subir	presumir

No se consideran irregularidades los cambios de acentuación; por ejemplo, en el verbo *partir*, la sílaba tónica es la segunda, pero en la forma *parto* o *parta*, es la primera.

Tampoco son irregularidades los cambios ortográficos que sufren algunos verbos:

Conjugación	Terminación	Cambio ortográfico		Ejemplos	
Primera	-car	c → qu	} ante -e	indicar	indique
	-gar	g → gu		pagar	pague
	-zar	z → c		trazar	trace
Segunda	-cer	c → z	} ante -a	ejercer	ejerza
	-ger	g → j	y -o	recoger	recojo
	-eer	i → y entre vocales		leer	leyó
Tercera	-cir	c → z	} ante -a	zurcir	zurzo
	-gir	g → j	y -o	fingir	finja
	-guir	u → Ø		distinguir	distingo

Irregulares

Son los verbos que al flexionarse presentan alteraciones en su raíz o en su terminación, es decir, no siguen la conjugación del modelo al que pertenecen. Algunos de los tipos de irregularidades más comunes son los siguientes:

Irregularidad vocálica		
Tipo de cambio	Modificación	Ejemplos
Diptongación	i, e → ie u, o → ue	adquirir adquiero querer quiero jugar juego poder puedo
Cambio de vocal	e → i o → u	pedir pido concebir concibo morir murió dormir durmió

Irregularidad consonántica		
Tipo de cambio	Modificación	Ejemplos
Sustitución de un sonido o letra	Alternancia c/g Alternancia b/y Alternancia c/j	hacer haga satisfacer satisfaga haber haya aducir aduje conducir conduje
Adición de un sonido o letra	Adición de d Alternancia c/zc Alternancia n/ng Alternancia l/lg	poner pondré tener tendré nacer nazco parecer parezco poner pongo tener tengo salir salgo valer valgo

Irregularidad mixta (vocálica y consonántica)		
Cambio de dos sonidos o letras	Alternancia ec/ig Alternancia ab/ep Alternancia ae/aig	decir diga maldecir maldiga caber quepa saber sepa traer traiga caer caiga

Existen otras irregularidades que no han sido incluidas aquí, dado que son excepcionales:

hacer	hice
errar	yerro
tener	tuvo

Muchos verbos presentan varios de estos cambios, en algunas formas de su conjugación:

tener	tendré	tiene	tengo
salir	saldré	sale	salga
venir	vendré	vienes	venga

Los verbos *ser* e *ir* tienen más de una raíz y por ello emplean formas totalmente distintas en su conjugación; a este fenómeno se le llama supletivismo:

soy, seré, sido	es, era, éramos	fui, fuiste, fuera
voy, vas, van	iba, ibas, íbamos	fui, fuiste, fuera

En general, las irregularidades que presentan los verbos en su conjugación, pueden explicarse desde un punto de vista histórico.

Defectivos

Son los verbos que sólo se conjugan en algunas formas y carecen de otras. La mayoría de ellos sólo tienen la tercera persona, debido a su significado:

atañer	atañe	atañen
acaecer	acaece	acaeció
acontecer	acontece	acontecen
concernir	concierne	conciernen

El verbo *abolir* también es defectivo porque no se conjuga en todos los tiempos y personas gramaticales; sólo pueden construirse las formas que tienen **-i-** después de la raíz:

abolí	aboliera	aboliremos	he abolido

Impersonales o unipersonales

Son los verbos que sólo se conjugan en tercera persona del singular, en todos los tiempos, porque no tienen un sujeto determinado; aluden a fenómenos meteorológicos:

llover	Llueve mucho.
nevar	En verano nunca nieva.
amanecer	Amaneció nublado.
anochecer	Anochece muy tarde en mi tierra.

Sin embargo, cuando se emplean en sentido figurado, es posible atribuirles un sujeto, con lo que pierden el sentido de impersonalidad; en este caso también pueden conjugarse en primera y segunda personas:

Amanecimos muy cansados.
Llovieron piedras.
Su vida anocheció demasiado pronto.

B) Por su significado: transitivos, intransitivos, copulativos, reflexivos, recíprocos y auxiliares

Transitivos

Son los verbos cuyo significado exige la presencia de un agente que realiza la acción, y un paciente que la recibe:

Llevé mi dinero al banco.
Ellos lavaron con esmero los pisos.
René construyó un barco con materiales oxidados.

Los tres verbos anteriores son transitivos porque tienen un agente (*yo, ellos, René*) cuya acción recae directamente sobre los pacientes o complementos directos: *mi dinero, los pisos, un barco*.
En español existen muchos verbos transitivos:

querer	dar	decir	entregar	escribir	leer
oír	cortar	sembrar	abrir	matar	pintar

Otros verbos, sin ser transitivos, pueden llegar a serlo si se les añade un paciente o complemento directo:

Lola trabaja la madera.
Vivimos una experiencia muy intensa.
Lloré lágrimas amargas.

Intransitivos

Son los verbos cuyo significado sólo exige la presencia de un agente, que es el que realiza la acción; ésta no tiene la posibilidad de afectar o modificar a alguien o algo; es decir, no tienen complemento directo, aunque sí admiten otro tipo de complementos:

69

Todas las mañanas Lucía corre en ese parque.
Los aviones modernos vuelan muy alto.
Mi hermana nació de madrugada.
Tú y yo viviremos en una casa frente al mar.
Ese camino va hacia el oriente.

Copulativos

Son los verbos que no aportan un significado pleno, sólo se emplean para unir el sujeto y el predicado; los principales verbos copulativos son *ser* y *estar*:

Tu vanidad es insoportable.
Su amiga es la presidenta.
Nuestra mascota está enferma.
Hoy tú estás deslumbrante.

En estas oraciones las palabras que realmente predican algo de los sujetos son adjetivos o sustantivos, por ello reciben el nombre de predicados nominales: *insoportable*, *la presidenta*, *enferma* y *deslumbrante*.

Algunos verbos pueden adquirir un valor copulativo cuando incluyen un predicado nominal que, por lo general, modifica al sujeto y concuerda con él en género y número:

Elvira se halla desesperada.
Mi hijo se quedó solo en la vida.
Alejandro anda enojado.

Los adjetivos *desesperada*, *solo* y *enojado* son predicados nominales; por ello los verbos están funcionando como copulativos.

Reflexivos

Los verbos reflexivos expresan una acción realizada por el sujeto, la cual recae sobre él mismo; exigen la presencia de los siguientes pronombres: *me, te, se, nos, os*.

Me baño con esencia de flores.
Te peinas como niña.
Se despertó muy temprano.
Nos levantamos al amanecer.
Os indignáis con sus mentiras.

En los verbos reflexivos, los pronombres *me, te, se, nos* y *os* siempre se refieren al sujeto, es decir, a la persona que realiza la acción. Cuando no se da esta correspondencia entre el pronombre y el sujeto, los verbos dejan de ser reflexivos y funcionan como transitivos: *yo te peino, ustedes nos despertaron temprano*. Lo mismo ocurre cuando estos verbos se emplean sin los pronombres: *baño a mi perro, peinas a la anciana, levantamos a los niños*.

Hay un grupo de verbos que casi siempre funcionan como reflexivos y por ello van acompañados de los pronombres:

Me asombro de tus avances intelectuales.
Ese hombre se enoja por todo.
No me arrepiento de nada.
Se atrevió a desafiarme.

Recíprocos

Se emplean para expresar una acción que realizan dos o más personas y cada una de ellas recibe el efecto de dicha acción, de ahí que se les considere como una variante de los verbos reflexivos. La ejecución de este tipo de acciones no puede realizarse nunca por un solo sujeto, siempre tiene que haber, por lo menos, dos. Por ello, las formas verbales que se usan son en plural:

Los enemigos se abrazaron en son de paz.
Nos dijimos adiós.
Las naciones poderosas se declararon la guerra.
Adalberto y José se pelearon para siempre.
García Lorca y Dalí se admiraban mucho.

Los verbos recíprocos siempre van acompañados de un pronombre personal: *se, nos, os*.

Auxiliares

Son los verbos que participan en la formación de perífrasis y pierden, total o parcialmente, su significado; por lo general, es el verbo auxiliar el que se conjuga y acompaña al verbo principal; éste puede ser participio, gerundio o infinitivo, aunque en ocasiones, también puede estar conjugado:

Anda diciendo que buscará venganza.
Voy a ir a la nueva cafetería.
Julio había prometido no volver a verla.

Los criminales fueron juzgados en público.
Habiendo dicho su discurso, se levantó y se fue.
Puede que nieve esta noche.

Los verbos auxiliares más frecuentes en español son: *haber, ser, ir, estar*.

a) El verbo *haber* es el auxiliar que se usa más comúnmente; con él se forman los tiempos compuestos:

Habrá esperado mucho tiempo.
Hemos comido demasiado tarde.
Habrías escuchado sus lamentos con verdadero espanto.

Cuando el verbo *haber* no está en funciones de auxiliar, sólo puede emplearse en la tercera persona del singular:

Había muchos discos de música griega.
Hubo peticiones francamente inatendibles.
Si hubiera sillas desocupadas, te avisaré.
Ojalá haya oportunidades para todos.

b) El verbo *ser* se emplea como auxiliar, en la formación de la voz pasiva:

La casa fue vendida a buen precio.
Fui castigada severamente por mis abuelos.
Es perseguido por la policía.

c) El verbo *ir* suele emplearse como auxiliar en la formación del futuro perifrástico:

Mañana voy a quedarme en casa.
Los artistas van a llegar en la madrugada.

d) El verbo *estar* puede emplearse como auxiliar cuando va acompañado de un gerundio:

Está escondiéndose de mí.
Estábamos escuchando mi disco preferido.

Muchos otros verbos también pueden emplearse como auxiliares; algunos de los más comunes son *poder, querer, andar, tener, deber*:

Ya podemos iniciar el trabajo.
Quiero subir a las pirámides de Yucatán.
Anda hablando mal de mí.

Tienes que abandonar esa posición.
Debes conocer ese laberinto.

C) Por su estructura: primitivos, derivados, simples, compuestos y prepositivos

Primitivos

Son los verbos que no se derivan de otra palabra:

lavar   cantar   correr   mirar   oír

Derivados

Son los verbos que se forman a partir de otra palabra, mediante la adición de uno o varios morfemas derivativos:

alumbrar	del sustantivo *lumbre*
abanderar	del sustantivo *bandera*
amontonar	del sustantivo *montón*
mejorar	del adjetivo *mejor*
oscurecer	del adjetivo *oscuro*
ensordecer	del adjetivo *sordo*
encimar	del adverbio *encima*

Simples

Son los verbos formados por una sola palabra; pueden coincidir con los verbos primitivos:

volar   comer   escribir   clavar   nadar

Compuestos

Son los verbos formados por dos palabras:

maldecir   contraponer   menospreciar   contradecir

Prepositivos

Son los verbos que exigen la presencia de una preposición para expresar una idea completa:

Mi tesis consta de cinco capítulos.
Carece de lo más elemental.

73

El artículo abundaba en improperios.
Prescindió de lujos.
Abusó de nuestra confianza.
Renunció a su cargo.

Algunos verbos pueden usarse sin preposición pero, en ciertos contextos, la exigen:

Piensa un número.
Piensa en nuestra situación.
Soñó grandes riquezas.
Soñaba con monstruos marinos.

PERÍFRASIS VERBALES

Las perífrasis verbales son construcciones que se forman con dos o más verbos que, en ocasiones, pueden estar unidos por una palabra de enlace. El primer verbo se conjuga y el segundo se expresa por medio de una forma no personal, es decir, por un infinitivo, un gerundio o un participio, aunque también es posible encontrarlo conjugado.

El primer verbo funciona como auxiliar y tiene una significación débil que puede llegar a perder; toda la perífrasis equivale a un solo verbo:

Voy a entregar los calendarios.
Había dicho mentiras.
Anda buscando la respuesta.
Acaba de llegar a su casa.
Puede que llueva hoy en la tarde.
Voy a tener que acabar ahí.
Voy a tener que ir a ver la película.

Un gran número de perífrasis verbales aporta un matiz de significado que no es posible expresar mediante las formas verbales de la conjugación:

Tengo que ir al banco.

La perífrasis anterior tiene un matiz de obligación que lo aporta el verbo auxiliar; este matiz no está presente en la forma simple *iré*.

Está consultando el diccionario.

La perífrasis enfatiza la continuidad de la acción de *consultar*, que no está presente en la forma simple *consulta*.

Las perífrasis más comunes son las siguientes:

Las que se emplean en la formación de tiempos compuestos, del futuro perifrástico, de la voz pasiva y del gerundio compuesto:

Hubiera recomendado el programa.
Vamos a ir al paseo.
Fue sentenciado por el juez.
Habiendo solicitado el número de cuenta, se formó en la fila.

Las perífrasis pueden construirse con una conjunción:

Quiero que vengas temprano.
Hay que estudiar mucho.
Puede que sea falso.
Tendría que premiar a todos.

Perífrasis que se construyen con una preposición:

Comenzó a hablar lentamente.
Nos pusimos a trabajar de inmediato.
Alejandro se echó a llorar.
Acaba de pasar el tren.
Deben de ser las dos de la tarde.
Has de saber que Verónica se casó ayer.
Estoy por renunciar a ese proyecto.

Las que se forman con un infinitivo, sin nexo o palabra de enlace:

Desea comprar queso de cabra.
¿Puedes bajar el volumen de la televisión?
Suele caminar dormido.
Te debes ir antes del amanecer.

Las que se forman con un gerundio:

Anda diciendo que no te quiere.
Se fueron corriendo por la herencia.
Estuvo gritando en la ventana.

FORMAS NO PERSONALES DEL VERBO

Las formas no personales del verbo no presentan variación para indicar persona, tiempo ni modo; son el infinitivo, el gerundio y el participio.

A) Infinitivo

Es el nombre de los verbos, es decir, es la expresión de la acción verbal en abstracto. Sus terminaciones son -**ar**, -**er**, -**ir**:

ordenar	colgar	negar
encender	moler	sorber
sacudir	asistir	dormir

El infinitivo admite uno o dos pronombres enclíticos:

golpearte	golpearnos	golpearse	golpeárselos
sostenerme	sostenerla	sostenerse	sostenérselos
regirlo	regirse	regirnos	regírselos

El infinitivo presenta formas simples y compuestas:

INFINITIVO SIMPLE	INFINITIVO COMPUESTO
aprobar	haber aprobado
creer	haber creído
corregir	haber corregido

B) Gerundio

Es la forma no personal del verbo que expresa una acción continuada, en progreso. Sus terminaciones son -**ando**, -**iendo**:

ordenando	colgando	negando
encendiendo	moliendo	sorbiendo
sacudiendo	asistiendo	durmiendo

Cuando la **i** de la terminación -**iendo** se encuentra entre dos vocales, se convierte en **y**:

creyendo	huyendo	disminuyendo

Como el infinitivo, el gerundio también admite uno o dos pronombres enclíticos:

dándole	dándome	dándonoslo
temiéndote	temiéndose	temiéndoselo
midiéndonos	midiéndola	midiéndoselos

El gerundio presenta formas simples y compuestas:

GERUNDIO SIMPLE | GERUNDIO COMPUESTO
cargando | habiendo cargado
ascendiendo | habiendo ascendido
distribuyendo | habiendo distribuido

El gerundio sólo debe emplearse cuando se refiere a una acción simultánea o anterior a la de otro verbo; nunca debe referirse a una acción posterior:

Caminando por la plaza, se encontró una moneda.
Habiendo escuchado las noticias, se fue a dormir.
Pasó todas sus vacaciones esperando una sorpresa.

El gerundio nunca debe referirse a un sustantivo; frases como *caja conteniendo*, *carta diciendo* son incorrectas.

C) Participio

Esta forma no personal del verbo expresa una acción ya realizada; sus terminaciones regulares son **-ado**, **-ido** y las irregulares, **-to**, **-so**, **-cho**:

calculado | temido | salido
escrito | impreso | dicho

Los participios, a diferencia del infinitivo y del gerundio, sí marcan género y número. Se emplean en la formación de perífrasis verbales; también es muy común usarlos como adjetivos:

fueron reprobados | (perífrasis verbal)
hemos sido incluidos | (perífrasis verbal)
ha caminado | (perífrasis verbal)
trabajaba distraída | (adjetivo)
hombre engreído | (adjetivo)
muchacha alocada | (adjetivo)

Varios verbos aceptan tanto la forma regular como la irregular para formar el participio: **-ado**, **-ido** para referir una acción verbal y se usan en la formación de perífrasis; **-to**, **-so**, para formar un adjetivo:

PERÍFRASIS VERBAL | ADJETIVO
Hemos freído la carne. | Compré papas fritas.
El guía fue elegido por todos. | El presidente electo dio un discurso.
Ha imprimido todo el trabajo. | Los documentos impresos se perdieron.

Algunos verbos que tienen ambas terminaciones son:

imprimido	impreso
bendecido	bendito
convertido	converso
suspendido	suspenso
expresado	expreso
recluido	recluso
concluido	concluso

Los participios no admiten pronombres enclíticos.

EL ADVERBIO

El adverbio es la clase de palabra que modifica al verbo, al adjetivo o a otro adverbio:

Fernando llegará mañana.	(Modifica al verbo *llegará*)
Ramón camina lentamente.	(Modifica al verbo *camina*)
Ese edificio está bien hecho.	(Modifica al adjetivo *hecho*)
Ellos están muy tristes.	(Modifica al adjetivo *tristes*)
La situación está bastante mal.	(Modifica al adverbio *mal*)
Mis amigos viven muy lejos.	(Modifica al adverbio *lejos*)

Su función más importante y más frecuente es modificar verbos, para denotar modo, tiempo, lugar, cantidad:

El presidente *habló* amenazadoramente.
Siempre *llega* con noticias desalentadoras.
Nosotras *vivimos* aquí.
Comió demasiado.

Cuando se refieren a adjetivos o a adverbios, intensifican el significado de éstos:

Esta ciudad está densamente *poblada*.
Mi primo Alberto está gravemente *enfermo*.
Rogelio se sentó demasiado *cerca* de la fogata.
Cristina baila extraordinariamente *bien*.

Los adverbios se caracterizan porque no presentan morfemas flexivos, a diferencia de los sustantivos, adjetivos, artículos, pronombres y verbos; sin embargo, en el habla coloquial es posible encontrar adverbios con morfemas de diminutivos: *cerquita, despuesito, lueguito, apenitas, abajito*.

Los adverbios constituyen una clase muy grande y heterogénea, en la cual se incluyen no sólo adverbios formados por una palabra, sino también las llamadas frases o locuciones adverbiales:

cara a cara	sin ton ni son
a sabiendas	a la buena de Dios
de vez en cuando	a regañadientes
a pie	de prisa
a ciegas	de cuando en cuando

Es común el empleo de locuciones adverbiales latinas:

ex profeso	ipso facto
in fraganti	motu proprio
ad hoc	grosso modo
sui generis	a priori
a posteriori	verbi gratia

CLASIFICACIÓN DE LOS ADVERBIOS

Existen dos grandes clases de adverbios: calificativos y determinativos.

A) Calificativos

Pertenecen a este grupo todos los adverbios derivados de adjetivos; en ocasiones se emplean las mismas formas adjetivas con función adverbial. Funcionan como adverbios cuando no tienen flexión y modifican un verbo, un adjetivo u otro adverbio; son adjetivos cuando acompañan un sustantivo y concuerdan con él en género y número:

ADVERBIOS	ADJETIVOS
Jorge se encuentra muy mal.	Humberto es un mal hombre.
Hoy comiste mejor.	Mis ideas son mejores que las tuyas.
Será peor decirle que no.	Los resultados fueron peores.
Habla muy recio.	Iván tiene una recia musculatura.
Trabaja duro.	El pan está duro.
Hay que cantar bajo.	Es un techo bajo.

Son también adverbios calificativos los que se forman a partir de adjetivos, añadiéndoles el morfema -**mente**. Estos adverbios, generalmente, indican modo o manera de realizar una acción:

Contestó forzadamente.
Traduce perfectamente.
Revisó el texto cuidadosamente.
Se enfrentaron valientemente.

Los adverbios terminados en -**mente** que no denotan modo son: *primeramente, posteriormente, previamente, últimamente, anteriormente*, entre otros, dado que mantienen el valor ordinal o temporal del adjetivo de donde provienen.

En general, es posible formar adverbios en -**mente** a partir de cualquier adjetivo calificativo, excepto de los gentilicios, de los que se refieren a colores y de adjetivos que denotan características o cualidades físicas que no admitirían una interpretación modal; sin embargo, en ciertos contextos pueden encontrarse: *hawaianamente, argentinamente, blancamente, rojamente*; de adjetivos como *gordo, calvo, delgado, peludo,* no es común la formación de adverbios.

Cuando se coordinan dos adverbios terminados en -**mente**, en el primero se omite el morfema para evitar la cacofonía, es decir, se emplean formas apocopadas:

atrevida y audazmente
tierna y amorosamente
lenta y cuidadosamente

Es muy común emplear la forma apocopada *sólo,* en el caso del adverbio *solamente,* aunque no esté coordinado con otro: *sólo llegaron tres invitados a la fiesta.*

Los adverbios terminados en -**mente** derivados de adjetivos que tienen acento ortográfico, lo mantienen:

último	últimamente
fácil	fácilmente
práctico	prácticamente
crítico	críticamente

B) Determinativos

Los adverbios determinativos constituyen una clase en la que se incluye un número limitado de formas. En general, se caracterizan porque desempeñan una función similar a la de los pronombres, dado que puede decirse que están en lugar de un nombre:

Trabajamos ahí.

El adverbio *ahí* señala el sitio donde *trabajamos*; en su lugar es posible encontrar un sustantivo con función de complemento:

Trabajamos en ese edificio o en ese lugar.

De acuerdo con su significado, pueden distinguirse las siguientes subclases:

Adverbios de lugar

aquí, allí, ahí, acá, allá, cerca, lejos, fuera, afuera, dentro, adentro, encima, debajo, arriba, abajo, delante, adelante, alrededor, detrás, dónde, donde, dondequiera.

Adverbios de tiempo

mientras, luego, temprano, antes, después, pronto, tarde, ya, ahora, entonces, hoy, mañana, ayer, nunca, jamás, siempre, todavía, cuándo, cuando.

Adverbios de modo

así, apenas, cómo, como.

Adverbios de cantidad

demasiado, muy, más, mucho, poco, menos, bastante, tanto, casi, nada, cuánto, cuanto.

Adverbios de duda

quizá, tal vez, acaso.

Adverbios de afirmación

sí, ciertamente, también.

Adverbios de negación

no, tampoco.

LA PREPOSICIÓN

Las preposiciones son palabras invariables que sirven para relacionar vocablos; son partículas que se emplean para subordinar:

La culpa recayó sobre mí.
Trabajaba todos los días por la mañana.
Le gustaba una mujer de ojos negros.

Los términos relacionados por las preposiciones pueden ser cualquier clase de palabra: sustantivo, adjetivo, verbo, adverbio o interjección:

La *casa* de *piedra* era muy conocida.	(sustantivo + sustantivo)
Radiante de *alegría*, leyó los primeros versos.	(adjetivo + sustantivo)
Ese hombre es *difícil* de *convencer*.	(adjetivo + verbo)
Lo *miró* desde *la ventana*.	(verbo + sustantivo)
¡*Ay* de *las personas* que no sienten!	(interjección + sustantivo)
Le *gritó* desde *aquí*.	(verbo + adverbio)

Las preposiciones se pueden clasificar en simples y en frases o locuciones prepositivas.

Las preposiciones simples son:

a	ante	bajo
con	contra	de
desde	en	entre
hacia	hasta	para
por	según	sin
so	sobre	tras

La preposición *so* tiene un uso muy restringido y sólo se emplea en contextos como el siguiente:

So pretexto de su enfermedad, no hizo el examen.

Algunas preposiciones en desuso son: *allende, aquende, cabe.*

Las frases o locuciones prepositivas son de uso muy frecuente; permiten matizar o precisar lo que se enuncia. Pueden estar formadas por:

a) Adverbio y preposición:

antes de	después de	encima de
debajo de	delante de	detrás de
dentro de	cerca de	lejos de
atrás de	junto a	alrededor de

Algunas de estas locuciones equivalen a preposiciones simples como:

delante de	→	ante
encima de	→	sobre
debajo de	→	bajo
detrás de	→	tras

b) Preposición, un sustantivo y otra preposición:

con arreglo a	de acuerdo con	en virtud de
con base en	en relación con	en nombre de

Es posible emplear dos o más preposiciones juntas cuando se desea expresar un cierto matiz de significado:

Se pelea hasta por un café.

Lo ve hasta en la sopa.

Se asomó por entre las ramas.

Le envié unos patines de a diez pesos.

De por sí estaba fea.

El sueldo le alcanzaba hasta para lujos.

Estoy en contra de las prohibiciones.

Algunas preposiciones se adjuntan a verbos y a adjetivos que las exigen y forman con ellos una unidad; es el caso de los verbos y adjetivos prepositivos que siempre van acompañados de una preposición:

constar de	arrepentirse de	insistir en
referente a	conforme a	propenso a

Las preposiciones cumplen una función relacionante y, por ello, su contenido semántico no es tan completo como pudiera serlo el de un sustantivo, un adjetivo o un verbo; el significado de las preposiciones se precisa en el contexto; algunos de los usos y significados más comunes son:

Preposición	Uso y significado	Ejemplos .
A	—Introduce complemento directo animado o complemento indirecto	Vi a Joaquín Entregó los discos a Samuel
	—Expresa dirección	Se fue a la escuela
	—Indica lugar	Llegó a Cuernavaca
	—Denota modo	Viste a la moda
	—Marca tiempo	Desperté al amanecer
	—Señala orden o mandato	¡A comer!
	—Forma frases y locuciones adverbiales	Caminó a tientas A sabiendas se equivocó

ANTE	—Significa *delante* o *en presencia de*	Se humilló ante las autoridades Vaciló ante el problema
BAJO	—Significa *debajo de* —Expresa situación inferior, sujeción o dependencia	Me bañaba bajo el tejado Lo decidió bajo presión Vivió bajo un régimen totalitario
CON	—Expresa compañía —Indica modo, medio o instrumento —Tiene valor de *aunque*	Oía música con sus hijos Sale con su mejor amigo Lo dijo con amargura Golpeó el suelo con un bastón Con llorar no ganas nada Con gritar no lo lograrás
CONTRA	—Expresa oposición o contrariedad	Aventó la pelota contra la pared Estás contra las ideas modernas
DE	—Expresa propiedad o pertenencia —Origen o procedencia —Indica modo —Expresa el material de que está hecha una cosa —Significa contenido —Indica asunto o materia —Marca tiempo —Expresa causa —Señala la parte de alguna cosa —Denota naturaleza o condición de una persona —Significa ilación o consecuencia —Se emplea en oraciones exclamativas —Se utiliza para formar perífrasis verbales —Relaciona un adjetivo con un sustantivo o pronombre —Denota la función o la actividad que desempeña la persona o cosa de la que se habla	La casa de mis padres es chica Los ríos de mi país son pocos Llegó de Venezuela Eres de una región árida Estoy de mal humor Cayó de rodillas Estrenó un suéter de lana Escribe en una hoja de papel Quiero un vaso de agua Trajo un galón lleno de aceite Consiguió el libro de arte Siempre habla de su obsesión Llegaré de madrugada Los vampiros salen de noche Llegó harto de la ciudad Estaba cansado de sus quejas De todos los libros prefiero éste Bebió del vino amargo Es un hombre de mal vivir Eran de costumbres extrañas El ingeniero llegó tarde, de ahí que se atrasaran los trabajos ¡Pobre de Marina! ¡Ay de mí! He de decir la verdad Deben de traer el uniforme Pobre de ellos si no vienen El valiente de Juan huyó Trabaja de secretario Se fue de parranda Este sillón sirve de cama

DESDE	—Denota inicio de una acción en el tiempo o en el espacio	Desde aquí te voy a vigilar No lo veía desde antier
EN	—Indica tiempo	Nos veremos en diciembre En 1914 comenzó una guerra
	—Expresa lugar	Tal vez estaría en su casa En el centro había un café
	—Señala modo	Parecía decirlo en broma Di la verdad en dos palabras
	—Significa ocupación o actividad	Es especialista en biología Siempre gana en el juego
	—Indica medio o instrumento	Voy a mi pueblo en autobús Ya nadie viaja en carruaje
	—Forma locuciones adverbiales	En general, me siento bien En lo personal, apruebo tu idea
ENTRE	—Expresa que algo o alguien está en medio de dos personas o cosas	Está entre la vida y la muerte Hay problemas entre nosotros
	—Indica cooperación	Harán la comida entre los tres Entre tú y yo lo resolveremos
HACIA	—Indica lugar y dirección	Se inclinó hacia la izquierda Voy hacia la desesperación
HASTA	—Expresa el fin de algo o límite de lugar, de número o de tiempo	Llegaste hasta donde quisiste Lucharemos hasta morir Irá hasta donde termina la playa Daría mil pesos por verlo No vendré sino hasta las seis
	—Equivale a *incluso*	Perdió hasta el último centavo Premiaron hasta a los perdedores

En México es muy común el empleo incorrecto de esta preposición; se encuentran frases como: *La oficina abre hasta las cuatro de la tarde*; lo correcto es decir: *La oficina no abre sino hasta las cuatro de la tarde*.

PARA	—Indica destino o finalidad	Compré un boleto para Barranquilla Consulta revistas para estar al día Traje estas latas para mi gatita
	—Expresa tiempo o plazo determinado	Para mañana todo estará listo Vendré para el próximo invierno
	—Denota comparación o contraposición	Para estar enferma, te ves muy bien Es mal escritor, para su fama

Es correcto el empleo de la preposición *para* en frases como: *Jarabe para la tos, pastillas para el dolor*, porque está implícito el verbo que marca la finalidad: *aliviar* o *curar*.

POR	—Introduce el agente en oraciones pasivas	La casa fue vendida por su tío El disco fue grabado por el cantante
	—Expresa tiempo aproximado	Vivió en Cádiz por aquellos años Estaré fuera por un mes
	—Marca lugar	Se pasea por todo el mundo Escapó por el jardín
	—Denota causa o finalidad	Estaba de mal humor por su fracaso Perdió el juego por su imprudencia Fuimos por la bicicleta nueva
	—Señala medio	Nos comunicaremos por teléfono Lo conocí por el correo electrónico
	—Expresa cantidad	Vendió su casa por poco dinero Lo denunció por una miseria
	—Indica sustitución o equivalencia	Yo pagaré la cuenta por ella Firma la entrada por mí
	—Expresa el concepto o la opinión que se tiene de alguien o de algo	Pasa por inteligente Se le tiene por mal educado
	—Significa que algo está por hacerse	La casa está por pintar Estoy por irme a Arabia
SEGÚN	—Denota relaciones de conformidad	Procedió según el reglamento Decidió según las ofertas que hubo
SIN	—Denota carencia de una cosa o persona	Se quedó sin novia Salió sin abrigo a pesar del frío
SOBRE	—Significa *encima de*	Sorprendió al gato sobre la mesa Pintó su *grafitti* sobre el muro
	—Expresa asunto o materia	Discutían sobre política Escribe sobre la vida marina
	—Indica cantidad aproximada	Luis anda sobre los treinta años Lo evaluaron sobre los mil pesos
TRAS	—Señala lugar	Está tras las rejas
	—Expresa búsqueda de cosas o personas	Siempre anda tras ella La policía está tras sus huellas
	—Indica añadidura	Tras la deshonra, la pobreza Tras de vejez, viruela

LA CONJUNCIÓN

Las conjunciones son partículas invariables que sirven para relacionar palabras y oraciones. Carecen de significado propio pues sólo tienen valor relacionante, dado que son nexos.

Existen dos tipos de conjunciones:

a) Propias. Son las que están formadas por una sola palabra que siempre funciona como conjunción: *y, ni, si, pero, o, mas, pues, sino.*

b) Impropias. Son las que están formadas por dos o más palabras de distinta naturaleza categorial; son las locuciones conjuntivas: *sin embargo, no obstante, así que, porque, aunque, por consiguiente, a pesar de que, por lo tanto, con el fin de que, para que, siempre que, por más que, ya que.*

Algunos adverbios y preposiciones pueden llegar a funcionar como conjunciones: *como, luego, así, para, entre.*

Las conjunciones y locuciones conjuntivas pueden coordinar o subordinar palabras u oraciones; cuando unen palabras, desempeñan la función de nexo coordinante; las palabras enlazadas deben ser de la misma categoría gramatical:

La obra de teatro es para *adolescentes* y *adultos.*   (Enlaza sustantivos)
Encontré a Martha *enferma* pero *optimista.*   (Enlaza adjetivos)
Ni *aquí* ni *allá* había dejado huellas.   (Enlaza adverbios)
Tú o *yo* lo haremos.   (Enlaza pronombres)

Cuando la conjunción relaciona oraciones, puede cumplir una función coordinante o subordinante; en el primer caso, une oraciones que son independientes entre sí; en el segundo, la oración subordinada, introducida por la conjunción, funciona como complemento de la oración principal:

a) Algunas conjunciones que coordinan oraciones:

Raquel se fue muy temprano y su hermana se quedó dormida.
Omar hizo un gesto de reprobación pero nadie lo advirtió.
Pedro visitará a sus primos en la tarde o arreglará el jardín de su casa.

b) Algunas conjunciones que subordinan oraciones:

No se inscribió en el curso porque llegó tarde.
Yo hago la ensalada si me invitas a comer.
Rebeca dijo que no aceptaría las condiciones.

CLASIFICACIÓN DE LAS CONJUNCIONES

Según la función y el significado que aportan, las conjunciones y locuciones conjuntivas se clasifican en:

A) Copulativas

Son las conjunciones que coordinan dos o más palabras las cuales desempeñan una misma función. También pueden unir oraciones. Las conjunciones copulativas son: *y, e, ni*:

> El domingo compré discos de música hindú, turca y rusa.
> Se retiró de la fiesta ciego de vergüenza e ira.
> Ni los maestros ni los estudiantes se interesaron por la exposición.
> Vio el reloj y recordó su cita con el oculista.
> Habló con violencia e hirió a todos los presentes.
> No se preocupó por las viudas ni pensó en los huérfanos.

Cuando los términos enlazados son más de dos, la conjunción sólo se escribe entre los dos últimos y en los anteriores se anota una coma para marcar pausa; la conjunción *e* se usa delante de palabras que inician con **i-** o **hi-**. La conjunción *ni* suele repetirse o combinarse con el adverbio *no*.

La conjunción *que* también es copulativa cuando equivale a *y*; es poco usual y sólo se la encuentra en expresiones como:

> Llueve que llueve.
> Dale que dale.

B) Disyuntivas

Son conjunciones coordinantes que enlazan palabras u oraciones para expresar posibilidades alternativas, distintas o contradictorias. Las conjunciones disyuntivas son *o, u*; esta última es una variante de *o*, que se emplea ante palabras que empiezan por **o-** u **ho-**:

> Tú o él harán la paella.
> Uno u otro deberá pagar.
> No sé si domaba leones o amaestraba elefantes.

En ocasiones la alternancia se enfatiza anteponiendo al primer elemento coordinado la conjunción *o*:

> A ese árbol o le cayó un rayo o le prendieron fuego.
> O apoyas la causa o te expulsamos.

C) Distributivas

Estas conjunciones son coordinantes y enlazan dos términos que expresan posibles opciones; suelen emplearse con esta función, adverbios correlativos como *ya...ya, bien...bien, ora...ora*. También pueden usarse las formas verbales *sea...sea* o *fuera...fuera*. Tienen poco uso en el lenguaje oral:

La asamblea se realizará ya en el auditorio, ya en la explanada.
Respondía a las agresiones, bien con violencia, bien con serenidad.
Plantaremos el rosal ora en tu jardín, ora en el mío.
Sea una cosa la que hagas, sea otra la que pienses, debes decidirte.
Fuera en verano, fuera en invierno, el hombre caminaba por la carretera.

D) Adversativas

Son conjunciones coordinantes que indican oposición o contrariedad entre los elementos que unen; la contrariedad no siempre es insalvable. Las conjunciones y locuciones conjuntivas más usuales son: *pero, mas, sino, sin embargo, no obstante, antes bien, con todo, más bien, fuera de, excepto, salvo, menos, más que, antes, que no*:

Quería comprar muchas cosas, pero no le alcanzaba el dinero.
Trataba de resolver el caso, mas no sabía cómo.
No era el momento de descansar, sino de esforzarse más.
Se equivocó de estrategia, no obstante haber analizado todas las consecuencias.
Le ha ido muy mal en la vida, sin embargo, nunca se lamenta.
Estuvo muy bien la reunión, fuera de las impertinencias de mi hermano.
Estudiaba la vida de los reptiles que no la de los pájaros.
El ensayo no hablaba sobre el tema de la democracia, antes bien lo evitaba.

La conjunción *mas* se escribe sin acento, a diferencia del adverbio de cantidad *más*. Otra conjunción adversativa es *empero*, que ha caído en desuso. La conjunción *aunque* adquiere valor adversativo cuando equivale a *pero*: *ese relato es divertido aunque es de mal gusto*.

Algunas de estas conjunciones se emplean como nexos discursivos, es decir, para enlazar párrafos; en estos casos, no pierden su valor adversativo.

E) Completivas o complementantes

Son conjunciones que siempre subordinan una oración a otra; la conjunción completiva más usual es *que*; en algunas ocasiones se usa con este valor la conjunción *si*, y en este caso pierde el significado de condición. Se emplean para introducir oraciones con función de objeto o complemento directo y oraciones con función de sujeto:

Reconoció muy pronto que se había equivocado.
Dile que no aceptaré sus disculpas.
Soñé que me quedaba ciega.
Me interesa que llegues a tiempo.
Que resolvamos el enigma es imperativo.
Nos gusta que estés alegre siempre.
No sé si lo encuentre en su oficina.
Nos preguntamos si será controlada pronto la crisis económica.
Felipe no se fijó si traían algo oculto entre las ropas.

La conjunción complementante *que* puede emplearse, además, para encabezar oraciones exhortativas o exclamativas:

¡Que se mejoren las ventas!
¡Que se vaya!

La conjunción complementante *si* añade un valor dubitativo o introduce una oración interrogativa indirecta:

No entendí si su gesto era de compasión o de burla.
Dime si debo ofrecer mi ayuda.

F) Causales

Estas conjunciones siempre subordinan una oración a otra. Expresan la causa o el motivo de la acción verbal. Algunas de las conjunciones y locuciones conjuntivas causales más comunes son: *porque, pues, ya que, puesto que, pues que, supuesto que, que, de que, como, por razón de que, en vista de que, dado que, por cuanto, como que, a causa de que, por lo cual:*

No recordarás ese sueño porque tu olvido es ancestral.
Regresó caminando a su casa, pues quería hacer ejercicio.
Sospecharon de tu culpabilidad ya que te escondías.
En vano te cambiarás el nombre, puesto que conocen tus huellas.

No estoy contento, que me abandonaron.
Estamos cansados de que la autoridad nos mienta.
Como era un hombre de poder, todos lo halagaban.
En vista de que no recogiste los cuadros, los donaré al museo.
Dado que estoy mal de salud, no asistiré a la reunión.
José sintió indignación por cuanto le habían dicho de su hijo.
Ellos se preocupaban por su sobrevivencia, a causa de que había gran escasez.

La expresión *por qué* no es una conjunción; se trata de una frase prepositiva formada por la preposición *por* y el pronombre interrogativo *qué*.

G) Ilativas o consecutivas

Expresan la continuación o consecuencia lógica de una acción; las más comunes son: *luego, así pues, conque, así que, por consiguiente, por tanto, por lo tanto, pues, de manera que, de modo que, que*:

Ambicionaba desmedidamente el poder, luego tenía pocos escrúpulos.
¿Quieres obtener tu independencia?... Pues ¡trabaja!
Nos hicieron muchas críticas destructivas en el congreso, conque no volveremos a presentar nada en el futuro.
Las fábricas contaminaban el valle, así que las autoridades se vieron obligadas a intervenir.
Ema escuchaba una conversación que no comprendía; por consiguiente, se aburrió muy pronto y se retiró.
Lo deshauciaron demasiado joven, por tanto se dedicó a viajar.
Lo abrumaron las evidencias, por lo tanto tuvo que confesar su culpabilidad.
Se fue sigilosamente, de manera que nadie lo sintió.
Me pusieron contra la espada y la pared, de modo que tuve que acatar sus órdenes.

La conjunción *que* sólo funciona como consecutiva cuando establece una correlación con los adverbios *tanto, tan, tal, así*; es decir, cuando implica la consecuencia debida a la intensidad de una acción determinada:

Era *tal* su angustia que vaciló frente al jurado de su examen.
Llovió *tanto* por la noche que se inundó el estacionamiento del hotel.
Estaba *tan* entusiasmado que no veía la realidad.

H) Condicionales

Introducen oraciones subordinadas que expresan la condición que debe cumplirse para que se realice lo señalado en la oración principal. Las conjunciones y locuciones condicionales más comunes son: *si, como, en caso de que, siempre que, con tal de que:*

> Llegaremos menos fatigados si hacemos un receso.
> Como te atrevas a decir semejante barbaridad, te castigaremos.
> En caso de que hubieran grabado nuestras conversaciones, estaremos perdidos.
> Compraremos ese departamento, siempre que nos autoricen el crédito hipotecario.

I) Finales

Introducen una oración subordinada que expresa la finalidad o el propósito de realizar la acción del verbo principal. Algunas locuciones conjuntivas finales son *para que, a fin de que, con el objeto de que, con el fin de que:*

> Le escribo a diario para que no me olvide.
> Vine a fin de que aclaremos nuestras diferencias.
> El horario de la hemeroteca cambió, con el objeto de que pudieran asistir más usuarios.

J) Concesivas

Introducen una oración subordinada que expresa dificultad para el cumplimiento de lo manifestado en la oración principal, aunque esta dificultad no impide, necesariamente, la realización de la acción. Las conjunciones y locuciones concesivas más usuales son *aunque, por más que, si bien, aun cuando, a pesar de que, así, como, siquiera, ya que, bien que, mal que:*

> Aunque le disgustaba enormemente, escuchó completo el discurso.
> Por más que el ser humano esté consciente del ridículo, no puede evitarlo.
> No lo admitiría en mi clase, así me lo suplicara de mil formas.
> Levantaron el estado de emergencia, si bien la epidemia continuaba haciendo estragos.
> La adulación es algo frecuente, aun cuando denigre a quien la practique.

La campaña para defender el medio ambiente no tiene los efectos esperados, a pesar de que los ciudadanos han colaborado.

Existen algunas expresiones que tienen significación concesiva y por ello funcionan como locuciones conjuntivas: *digan lo que digan, sea como sea, hagas lo que hagas*; por ejemplo:

Digan lo que digan, no pienso renunciar a mis derechos de la herencia.
No retiraremos la demanda, hagas lo que hagas.

Algunas conjunciones pueden tener varios sentidos y, por ello, es posible encontrar una misma conjunción en distintas clases; es el caso de *que, pues, como, si.*

LA INTERJECCIÓN

Son palabras invariables que equivalen a una oración. Se emplean exclusivamente en oraciones exclamativas.

Pueden ser propias e impropias o derivadas; las primeras son palabras que siempre funcionan como interjecciones:

¡Ay!	¡Ah!	¡Oh!
¡Huy!	¡Bah!	¡Hurra!
¡Uf!	¡Ojalá!	¡Ea!
¡Puf!	¡Hola!	¡Caramba!

Estas expresiones no deben confundirse con los sonidos onomatopéyicos, que son los que imitan los ruidos de la naturaleza, como: *grr, zas, pum, je-je, run-run*.

Las impropias o derivadas están formadas por palabras que pertenecen a alguna categoría gramatical pero que se pueden emplear como interjecciones:

¡Fuego!	¡Bravo!	¡Socorro!
¡Suerte!	¡Ánimo!	¡Espléndido!
¡Diablos!	¡Dios mío!	¡Vaya!
¡Por Dios!	¡Bueno!	¡Fuera!
¡Alerta!	¡Cuidado!	¡Auxilio!
¡Salud!	¡Atención!	¡Peligro!

Existen además frases u oraciones completas, de carácter exclamativo, que funcionan como una interjección:

¡Hermosa tarde!	¡Hemos ganado!
¡Ojalá llueva!	¡Bonita respuesta!
¡Vaya contigo!	¡Qué cansancio!

Las interjecciones no son realmente una categoría gramatical; no forman parte de la oración ya que ellas, por sí mismas, constituyen una oración. Por ejemplo, cuando se dice *¡Socorro!*, están implícitos el sujeto y el verbo, es decir que la interjección equivale a decir *yo pido ayuda*.

SINTAXIS

ELEMENTOS BÁSICOS

La sintaxis es la parte de la gramática que estudia la manera como se combinan y ordenan las palabras para formar oraciones; analiza las funciones que aquéllas desempeñan, así como los fenómenos de concordancia que pueden presentar entre sí. La unidad mínima de estudio de la sintaxis es la oración.

Dentro de la oración, las palabras adquieren un significado preciso y cumplen una función sintáctica determinada:

Se lastimó la muñeca izquierda mientras jugaba a la pelota.
La muñeca que le regalé a mi hija cierra los ojos.

Aisladamente, la palabra *muñeca* tiene varias acepciones, pero en cada oración sólo toma una de ellas; además, esta misma palabra cumple una función distinta, en la primera oración es objeto directo y en la segunda, es sujeto.

ORACIÓN

Oración es la unidad que expresa un sentido completo y está constituida por sujeto y predicado. El sujeto es de quien se habla en la oración y muchas veces es el agente de la acción del verbo. El predicado es lo que se dice sobre el sujeto:

Los astronautas llegarán a la tierra el próximo martes.
Los avestruces corren a gran velocidad.
El progreso técnico ha creado peligros ecológicos.

El sujeto y el predicado de las oraciones anteriores son:

Sujeto	Predicado
Los astronautas	llegarán a la tierra el próximo martes
Los avestruces	corren a gran velocidad
El progreso técnico	ha creado peligros ecológicos

Las oraciones que están constituidas por sujeto y predicado se llaman bimembres. La oración también recibe el nombre de enunciado.

Existen expresiones que equivalen a una oración, pero en las cuales no es posible distinguir el sujeto y el predicado; es el caso de las interjecciones, los saludos, las despedidas y las oraciones formadas por verbos meteorológicos. A este tipo de oraciones se les llama unimembres, porque constituyen una unidad indivisible:

¡Madre mía!
¡Hola!
¡Adiós!
¡Fuego!
Anocheció pronto
Llueve intensamente

FRASE

Existen expresiones que no siempre llegan a constituir una oración porque les falta la presencia de un verbo, de ahí que no posean un sentido completo; estas construcciones se llaman frases:

Una mañana de septiembre
La bicicleta verde de mi padre
Con mucha simpatía
Por si acaso
De vez en cuando

SINTAGMA

Sintagma es una unidad conformada por una palabra que es la más importante y que funciona como núcleo; éste puede ir acompañado de complementos o modificadores y juntos forman un bloque. Es posible distinguir el núcleo en los sintagmas porque éste es imprescindible y las palabras que lo acompañan pueden omitirse. Existen diferentes tipos de sintagmas, dependiendo de la categoría gramatical del núcleo:

a) Sintagma nominal. Tiene como núcleo un nombre o sustantivo; también puede ser un pronombre o una palabra sustantivada:

El nido de las palomas
La saludable comida vegetariana de mis amigos

La maestra
Ella misma
Lo bueno

El núcleo de los sintagmas nominales puede tener artículos y adjetivos funcionando como sus complementos o modificadores directos; estos elementos siempre concuerdan en género y número con el núcleo:

Ríos *anchos* y *profundos*
La tierra *estéril*
Un barco *fantasmal*

También es posible encontrar otro tipo de complementos nominales que modifican indirectamente al núcleo sustantivo; se trata de sintagmas prepositivos o preposicionales:

Un punto *de apoyo*
El color *de la cerveza*
La bufanda *peruana de colores llamativos*
Una mujer *con vestido verde*

b) Sintagma adjetivo. Tiene como núcleo un adjetivo, el cual puede ir acompañado de un adverbio o sintagma adverbial que funciona como su complemento o modificador:

Bastante solidario
Sospechosamente amable
Muy enojado
Demasiado mal redactado

El núcleo adjetivo también puede tener como complemento o modificador indirecto, un sintagma prepositivo:

Fácil *de convencer*
Apto *para las ventas*
Digno *de confianza*

c) Sintagma adverbial. Su núcleo es un adverbio que puede ser modificado por otro adverbio:

Muy cerca
Bastante pronto
Tan ingratamente

d) Sintagma prepositivo o preposicional. Está constituido por una preposición, que es el núcleo, y un sintagma nominal que recibe el nombre de término, el cual funciona como complemento de la preposición:

Por *su culpa*
Con *singular alegría*
En *la orilla del río*

Dado que el término es un sintagma nominal, dentro de él es posible encontrar un núcleo sustantivo con modificadores directos e indirectos:

De gran trascendencia
   Núcleo del sintagma prepositivo: *de*
   Término: *gran trascendencia*
   Núcleo del término: *trascendencia*
   Modificador directo del núcleo del término: *gran*

Con un ramito de yerbabuena
   Núcleo del sintagma prepositivo: *con*
   Término: *un ramito de yerbabuena*
   Núcleo del término: *ramito*
   Modificador directo del núcleo del término: *un*
   Modificador indirecto del núcleo del término: *de yerbabuena*

e) Sintagma verbal. Tiene como núcleo un verbo y por ello, siempre constituye el predicado de una oración; sus complementos son el objeto directo, el indirecto, los circunstanciales, el predicativo y el agente:

Rompió *la taza*
Dedicó *su vida a esa causa*
Cantamos *toda la noche*
Es *sorprendente*
Fue vista *por todos los vecinos*

ORACIONES SIMPLES Y COMPUESTAS

Las oraciones pueden ser simples o compuestas; las primeras son las que tienen un solo verbo, ya sea simple o perifrástico:

El acusado quiere un jurado imparcial.
La marea estaba muy alta.
Anoche todos durmieron inquietos y preocupados.

El unicornio sólo ha existido en la imaginación.
Voy a viajar a Singapur.

Las oraciones compuestas son las que tienen dos o más verbos, simples o perifrásticos, es decir, están formadas por dos o más oraciones:

Cuando oímos los ruidos, se nos cortó la respiración.
Te había dicho que me enojaría mucho si lo hacías.
Si pierdes esa esperanza será necesario que vuelvas a comenzar.
Los mosquitos nos molestaron por la noche y desaparecieron al amanecer.
El debate se realizó ayer pero nosotras no lo escuchamos.

CLASIFICACIÓN DE LAS ORACIONES

Las oraciones pueden clasificarse de acuerdo con dos criterios básicos:

a) Desde el punto de vista de la actitud del hablante, son: enunciativas, interrogativas, exclamativas, imperativas, desiderativas, dubitativas.
b) De acuerdo con el tipo de verbo que tengan, son: copulativas, transitivas, intransitivas, reflexivas, recíprocas, pasivas, impersonales.

A) Oraciones desde el punto de vista de la actitud del hablante

Oraciones enunciativas

Se llaman también declarativas o aseverativas porque el hablante sólo enuncia un juicio, una idea, una opinión; estas oraciones informan de algo que está sucediendo, que sucedió en el pasado o que está por ocurrir. Pueden ser afirmativas o negativas:

Mañana olvidaremos todas estas ofensas.
Está fatigada de mirar el mismo paisaje.
No quería que te fijaras en detalles.
No has dicho nada grave.

Oraciones interrogativas

Expresan una pregunta sobre algo que el hablante desconoce. En la comunicación oral una pregunta se reconoce por la entonación, pero en la lengua escrita es necesario representarla gráficamente por los signos de interrogación, abierto al principio y cerrado al final:

¿Cómo puede irritarte algo tan simple?
¿Quién se quedará con las cosas que amas?
¿Volvió a contar la misma mentira?
¿Recibiste mi mensaje?

Existen, además, oraciones de este tipo que no se escriben entre signos de interrogación; se llaman oraciones interrogativas indirectas y se reconocen por la presencia de un adverbio o pronombre interrogativo que va acentuado:

No sabía cómo empezar.
Me pregunto quiénes estarán satisfechos con esa decisión.
Ignoramos dónde está escondido el tesoro.

Oraciones exclamativas

Expresan la emoción del hablante, que puede ser de sorpresa, de dolor, de miedo, de alegría, de ira. Se reconocen en el lenguaje oral por la entonación y, en la escritura, por la presencia de los signos de admiración, al principio y al final de la oración:

¡Qué hermosa mañana!
¡Ah, tú siempre improvisando!
¡Ay!
¡Bravo!
¡Cuánto he esperado este momento!

Oraciones imperativas

También reciben el nombre de exhortativas o de mandato; expresan una petición, una orden, un ruego o una súplica:

No fumes en este lugar.
Te pido por segunda vez que me pongas atención.
Sal inmediatamente de aquí.
No me abandones en estos momentos difíciles.

Oraciones desiderativas

Con estas oraciones, el hablante expresa el deseo de que ocurra algo, sin pedirlo directamente a alguien. En general, se construyen con el verbo en modo subjuntivo:

Ojalá sople el viento.
Que tengas un feliz cumpleaños.
Quisiera tu suerte y tu dinero.

Oraciones dubitativas

Expresan la duda que tiene el hablante de que ocurra algo; con estas oraciones no se afirma ningún hecho, sólo se marca la vacilación y, en algunos casos, la posibilidad de que suceda o haya sucedido:

Habrán sido las ocho cuando supe que no volvería.
Acaso llueva mañana.
Quizá Laura comience a recuperarse.

B) Oraciones según el tipo de verbo

Las distintas clases semánticas a las que los verbos pueden pertenecer determinan el tipo de oración. Esta clasificación de verbos, según su significado, está desarrollada en el apartado de Morfología.

Oraciones copulativas

Son las que se construyen con verbos copulativos:

La fiesta fue divertida.
Los animales del zoológico están asustados.

Oraciones transitivas

Son las que tienen un verbo transitivo:

Rosina bebe agua de frutas.
Ismael mató un insecto.

Oraciones intransitivas

Se construyen con verbos intransitivos:

María estornudó tres veces.
Tatiana nada muy bien.

Oraciones reflexivas

Son oraciones que tienen un verbo reflexivo:

> Él se admira a sí mismo.
> Ayer te bañaste en el río.

Oraciones recíprocas

Se construyen con un verbo recíproco:

> Felipe y Vicente se gritaron injurias.
> Madre e hija se besaron cariñosamente.

Oraciones pasivas

Son las oraciones que tienen el verbo en voz pasiva, ya sea en forma perifrástica o refleja:

> Una dieta baja en grasas ha sido recomendada por los nutriólogos.
> Se registraron movimientos sísmicos.

Oraciones impersonales

Estas oraciones tienen un verbo impersonal:

> Se lucha por la democracia.
> La semana pasada granizó.

ELEMENTOS DE LA ORACIÓN

EL SUJETO

El sujeto es la palabra o frase que se refiere a una idea, un concepto, una persona, un animal o una cosa, de los cuales se dice algo; es de quien se habla en la oración; el sujeto, generalmente, realiza la acción del verbo. Se puede identificar con las preguntas *¿quién o qué realiza la acción?* o *¿de qué o de quién se habla?*:

La silueta de la muchacha se reflejó en el espejo.
Las hormigas trabajan afanosamente.
El viento y la lluvia golpeaban las ventanas.

Otra manera de reconocer los sujetos es que siempre concuerdan en número (singular o plural) con el verbo:

Los gatos *prefieren* la carne cruda.   (Plural)
El pintor de acuarelas *regaló* todos sus cuadros.   (Singular)
Me *duelen* las piernas.   (Plural)
Los árboles de mi tierra *tienen* un extraño color amarillo.   (Plural)
Le *preocupaba* la guerra.   (Singular)

El sujeto puede encontrarse al principio, en medio o al final de la oración:

Las primas de Silvestre piensan viajar disfrazadas.
Mañana nosotros prepararemos una cena al estilo italiano.
Comenzarán a trabajar todos los amigos de Leopoldo.

El sujeto puede estar constituido por:

a) Un pronombre o un sustantivo con o sin modificadores; es decir, por un sintagma nominal:

Tú atenderás las llamadas.
En ese momento todos levantaron la mano.
Ellas controlaban la situación.
Nos llegaron rumores.
Orfeo se enamoró de Eurídice.
El viaje de los astronautas terminó bien.
La historia del mundo registra muchas guerras.

Los árabes invadieron España en el siglo VIII.
La fiebre y el hambre lo hacían delirar.

b) Una oración:

El que llegue primero enfrentará esa dificultad.
Atenuar el dolor es el objetivo de todos.
Quien pide compasión no merece ser oído.
Me indigna que exista todavía la pena de muerte.

En ocasiones el sujeto puede omitirse; en estos casos se dice que es morfológico y se reconoce por la desinencia del verbo; también se le conoce como sujeto tácito. Por ejemplo:

Olvid*amos* el asador en el bosque.	(Sujeto: nosotros)
Fing*irás* cortesía durante toda tu vida.	(Sujeto: tú)
Se cansó muy pronto de sus impertinencias.	(Sujeto: él o ella)
Cort*é* unas naranjas agrias.	(Sujeto: yo)

Núcleo y modificadores del sujeto

Todo sujeto explícito que sea sintagma nominal tiene un núcleo que es la palabra más importante; puede estar acompañado de modificadores:

La misteriosa caja de música encantó a la familia

La palabra más importante es el sustantivo *caja*; concuerda en número con el verbo y es la palabra imprescindible; si se suprime, la oración pierde sentido: *la misteriosa de música encantó a la familia*.

El núcleo del sujeto siempre es un sustantivo, un pronombre o una palabra sustantivada:

Me gustan los *postres* de frutas.	(Núcleo: sustantivo)
Los *autos* de carreras enloquecen a los jóvenes.	
	(Núcleo: sustantivo)
Ellas pensaron en ti.	(Núcleo: pronombre)
En esta casa trabajamos *nosotros*.	(Núcleo: pronombre)
Llegaron los *indeseables*.	(Núcleo: adjetivo sustantivado)
El *porqué* de esa actitud nos preocupaba.	(Núcleo: conjunción sustantivada)

Es posible que en el sujeto aparezcan dos o más núcleos:

El _escritor_ y el _crítico_ literario se reunieron en una cafetería.
Continuaron firmes la _oscuridad,_ el _silencio_ y la _llovizna_.
_Tú_ y _yo_ padeceremos las consecuencias.

El núcleo del sujeto puede estar acompañado por modificadores directos e indirectos:

a) Modificadores directos. Acompañan al nombre para agregar algo a su significado o para precisarlo; deben concordar con él en género y número. Esta función la desempeñan el artículo y el adjetivo:

Los espejos reflejan la imagen.
Un leve temblor lo delataba.
Una ligera brisa _marítima_ refrescaba el ambiente.
Sus pasos _cansados_ resonaban en medio del silencio.
Sus palabras _precisas_ y _oportunas_ llegaron a todos.
Tres desconocidos anunciaron el trágico accidente.

Es posible encontrar sintagmas adjetivos formados por un adjetivo y un adverbio, el cual, a su vez, puede tener como modificador otro adverbio. En estos casos, todo el sintagma adjetivo cumple la función de modificador directo:

Una avenida _muy amplia_ atravesaba la ciudad.
Dos hombres _terriblemente crueles_ se burlaban de los animales en el zoológico.
El sobre lo trajo un mensajero _bien vestido_.
Una explicación _bastante mal fundamentada_ provocó desagrado.
Una alimentación _muy bien balanceada_ evita enfermedades.

b) Modificadores indirectos. Son sintagmas prepositivos o preposicionales que modifican al núcleo del sujeto. Se introducen mediante una preposición; también se llaman complementos adnominales:

La casa _de mi niñez_ ya no existe.
El estudio _de los astros_ empezó hace mucho tiempo.
Una mujer _con larga melena_ tocó a mi puerta.
El libro _sin pastas_ tiene ilustraciones extrañas.

Los modificadores indirectos están constituidos por una preposición y un sintagma nominal que funciona como complemento de la preposición y

107

que recibe el nombre de término; la estructura de este último puede ser simple:

Los dulces *de México* son exquisitos.
El aullido *de los lobos hambrientos* nos despertó.

Su estructura es compleja si dentro tiene otro modificador indirecto:

Los vidrios de las grandes ventanas *del edificio* se estremecieron por el impacto.
El cielo con nubes *de color gris* parecía amenazante.

Existe otro tipo de complemento de los nombres que se llama aposición; es un sintagma nominal que se caracteriza por escribirse entre comas y por ser intercambiable con el núcleo del sujeto:

Jorge, *mi hermano*, practica varios deportes.
Los dos estudiantes de mi curso, *Rolando y José*, trajeron un instrumento extraño.
Simón Bolívar, *el Libertador*, nació en Caracas.
Esos indígenas, *los tarahumaras*, recorren a pie grandes distancias.

EL PREDICADO

El predicado es la parte de la oración que expresa la acción que realiza el sujeto o los diferentes estados en los que éste puede encontrarse; es decir, es todo lo que se dice del sujeto. Está formado por un verbo y sus complementos:

Los asistentes del médico guardaron silencio durante la operación.
Por la mañana circuló la noticia sobre el secuestro.
Los fuegos artificiales estallarán a la hora exacta.
En el vado del río crecen cipreses.

El verbo puede aparecer sin complementos y constituir, por sí solo, un predicado:

Unos desconocidos cantaban.
Cociné.
Ustedes van a descansar.

El predicado puede estar al principio o al final de la oración; también puede encontrarse dividido, porque el sujeto se ha colocado en medio:

Apareció en la mirada del científico un destello de malicia.
Un destello de malicia apareció en la mirada del científico.
Apareció un destello de malicia en la mirada del científico.

A) Núcleo del predicado

El núcleo del predicado siempre es un verbo, simple o perifrástico; es la palabra más importante y concuerda en número y persona con el núcleo del sujeto:

La familia de mis primos no asistió al funeral.
Sara nunca ha visto un eclipse.
El lunes yo voy a preparar una comida tailandesa.
Maribel y Elvira contaron la historia detalladamente.
Ahora tú tendrás que aclarar las dudas.

La concordancia del núcleo del predicado con el del sujeto permite reconocer a éste en las oraciones, sobre todo, en aquéllas en las que el sujeto no es agente de la acción verbal:

Te enferma *la miseria.*
A Sonia le repugnaban *los reptiles.*
Se dañaron *las tuberías.*
El rey fue derrocado por el pueblo.

En los ejemplos anteriores, los sujetos son *la miseria, los reptiles, las tuberías* y *el rey*, puesto que de ellos se habla en las oraciones y concuerdan con los verbos, aunque ninguno sea agente de la acción.

B) Predicado verbal y predicado nominal

El predicado verbal es aquél que tiene como núcleo un verbo con significado pleno; es decir, por sí mismo puede predicar o dar información. Casi todos los verbos son de este tipo:

quemar	mirar	sospechar	salir
hervir	pensar	volver	arreglar
trabajar	reír	sacar	explicar
escribir	vivir	decidir	calzar
pagar	dormir	protestar	regar
intentar	cruzar	votar	ocultar

El predicado nominal se construye con verbos copulativos, los cuales se caracterizan por no tener un significado pleno; se acompañan de un adjetivo o un sustantivo que es el que aporta la información del predicado. En estas oraciones el verbo sólo cumple la función de enlazar el sujeto con el predicado, de ahí que reciba el nombre de copulativo. Los verbos copulativos más comunes son *ser* y *estar*:

> Él es *el doctor.*
> Algunos detalles son *caóticos.*
> Su rostro estaba *triste.*
> Los lujos fueron *su ruina.*

Es frecuente encontrar verbos plenos funcionando como copulativos; en ese caso necesitan apoyarse en un adjetivo, el cual modifica al sujeto y, generalmente, concuerda en género y número con él:

> Eva permaneció *quieta.*
> Julio caminaba *distraído.*
> Todas las empleadas llegaron *preocupadas.*
> Los colegas se mostraron *encantados.*

C) Complementos del núcleo del predicado

La estructura del predicado está conformada por el verbo que funciona como núcleo y por los complementos de éste.

Los complementos del verbo son: objeto o complemento directo, objeto o complemento indirecto, complemento circunstancial, predicativo o atributo y complemento agente.

Objeto o complemento directo

El complemento directo se refiere a la persona, animal o cosa que recibe directamente la acción del verbo; se conoce también como paciente, dado que es el que resulta afectado o modificado por la acción del verbo. Se presenta con verbos transitivos:

Mi hermano *construyó* un helicóptero de madera.
El enfermo *abandonó* su rutina alimentaria.
Todos *asumieron* su destino trágico con entereza.
Roberto *arrojó* los papeles en el cesto de la basura.
Armida nunca *leía* el periódico.

El complemento directo puede estar formado por:

a) Un pronombre: *me, te, se, lo, la, los, las, nos, os, todo, algo*, etc.

Me asaltaron anoche.
Te trajeron a la fuerza.
Mi sobrino se cubre con una manta.
La noticia los dejó satisfechos.
Nos han olvidado.
Os arrojaron al abismo.
El economista negó todo.

b) Un sintagma nominal, constituido por un sustantivo con o sin modificadores:

Esa canción transmitía alegría.
Una sombra cubre mis ojos.
Ella extendió sus largos y blancos brazos.
El mago se subió el cuello de la camisa.

c) Un sintagma preposicional introducido por la preposición *a*; esta forma sólo se usa cuando el objeto se refiere a personas o seres personificados o singularizados:

Visité a mi prima.
Buscaban a los estudiantes.
Encontramos al perro.

d) Una oración:

Pidió que todos escribieran una carta.
Marcos pensaba que tenía mucho dinero.
Hizo lo que pudo.

Existen tres procedimientos para reconocer el complemento directo:

a) Con la pregunta *¿qué es lo...?*:

Todos denunciaron el crimen.

¿Qué es lo denunciado? El crimen

Él oía los acordes de la música.

¿Que es lo oído? Los acordes de la música

Javier adoptó un niño.

¿Qué es lo adoptado? Un niño

b) Mediante la sustitución del complemento directo por los pronombres: *lo, la, los, las*:

El médico atendió a su paciente.   El médico lo atendió.
El perro se comió la pierna de pollo. El perro se la comió.
El abuelo añoraba los viejos tiempos. El abuelo los añoraba.
Vio las agitadas olas del mar.   Las vio.

Estos pronombres se refieren al objeto directo y por ello deben concordar con él en género y número. Cuando se colocan antes del verbo se llaman proclíticos; cuando se posponen y se adjuntan se llaman enclíticos:

Los compadecieron por su mala suerte.
Necesita dinero para comprarla.
Por la tarde voy a verlas en la biblioteca.
Piénsalo.

Cuando el objeto directo se antepone a los demás elementos oracionales, se repite mediante un pronombre, nunca en otros casos:

A mis estudiantes no los he convencido de mi teoría.
Las tareas de reconstrucción las atiende un arquitecto.

c) Mediante el cambio de la oración a voz pasiva, en la que el complemento directo pasa a ser sujeto:

Voz activa	Voz pasiva
Luis recogió la basura.	La basura fue recogida por Luis.
La base naval solicita un buzo.	Un buzo es solicitado por la base naval.
Marisa examinó la grieta.	La grieta fue examinada por Marisa.

Objeto o complemento indirecto

El complemento indirecto es la persona, animal o cosa que recibe indirectamente la acción del verbo; es el beneficiado o perjudicado por la acción. Siempre se une al verbo mediante la preposición *a* y, en algunas ocasiones, acepta la preposición *para*. Es muy frecuente que un pronombre repita el complemento indirecto en una oración. Por ejemplo:

Armando les dio una sorpresa a sus socios.
No le cuentes todo a Raquel.
A Lidia le demostraron una gratitud exagerada.
Nos explicaron el problema.
Te deseamos buena suerte.
El abogado trajo malas noticias a los prisioneros.
Tejió una bufanda para mi abuelo.

El complemento indirecto está constituido por:

a) Un sintagma prepositivo:

Carmela le pidió las copias a Rocío.
La feria proporcionó beneficios para todos nosotros.

b) Un pronombre: *me, nos, te, os, se, le, les.*

Rafael me entregó los billetes.
Te gusta la carne de cerdo.
Se lavó las manos.
Os dedicamos esta canción.
Le ofreció una taza de chocolate.
Nos dieron una esperanza.

El pronombre de complemento indirecto se antepone al verbo, aunque en algunos casos se presenta como enclítico:

Les impusieron uniformes.
Te lo prometieron ayer.

Escríbele una nota.
Quieren comunicarnos algo.
Voy a recomendarte una novela.

c) Una oración:

Exigió silencio a quienes estaban cerca.
Paco presentó su libro a los que no creían en él.

Existen dos procedimientos para reconocer el complemento indirecto:

a) Mediante la pregunta *¿a quién o para quién...?*

Entregó la carta a su dueño.	*¿A quién la entregó?*	*A su dueño*
Aplicó el examen a todos.	*¿A quién lo aplicó?*	*A todos*
Compré un regalo para ti.	*¿Para quién lo compré?*	*Para ti*

b) Mediante la sustitución por los pronombres *le* o *les*:

Pidió a los extranjeros una identificación.
　　　　　　　　　　　　　　Les pidió una identificación.
Prometieron ayuda al campesino.
　　　　　　　　　　　　　　Le prometieron ayuda.
Felipe no prestó atención a los festejos.
　　　　　　　　　　　　　　Felipe no les prestó atención.

Sólo es posible la sustitución por estos pronombres cuando el complemento indirecto corresponde a la tercera persona.

En ocasiones aparecen dos complementos indirectos en una oración:

Compré a Olivia unos dulces para mis hijos.
A mi hermana le preparé un flan para sus invitados.

Complemento circunstancial

Expresa la manera, el tiempo, el lugar y demás circunstancias en las que se realiza la acción del verbo:

Víctor vive cerca.
En la madrugada la señora entró a la habitación.
Joaquina miró fijamente a Ignacio con una expresión de desaliento.
El próximo lunes empezarán las festividades.

El complemento circunstancial puede estar formado por:

a) Un adverbio, un sintagma adverbial o una locución adverbial:

El Sol nunca girará alrededor de la Tierra.
Quizá se produzca hoy lo esperado.
Llovió muy fuertemente.
Ayer se encontraba estupendamente bien.
Pescó al vuelo la respuesta inverosímil.
Hizo la maleta a la ligera.

b) Un sintagma prepositivo o preposicional:

Se comporta de una forma extraña.
Habla con mucha seguridad.
Llegarán a otro planeta.
Se hospedaron en un hotel tenebroso.
Brindo por ella.

c) Un sintagma nominal:

Se paseaba todos los fines de semana.
Algunas veces llegan las ballenas.
Esta tarde comenzará un diluvio.
La próxima semana podrás conocer las nuevas instalaciones.

d) Una oración:

Los deportistas utilizaban el parque para realizar sus ejercicios matutinos.
Antes de que se descubriera América, los europeos no conocían las papas.
Cuando despertó, la película ya había terminado.
Vivo donde nacieron mis padres.

Las múltiples circunstancias en las que se realiza la acción del verbo pueden ser de:

a) Modo. Se refieren a la manera como se realiza la acción; responden a la pregunta *¿cómo?*

Lo estudiaremos con detenimiento.
Abrió la puerta cautelosamente.
Lo hizo como le enseñaron.

115

b) Tiempo. Expresan el momento en el cual se lleva a cabo la acción; responden a la pregunta *¿cuándo?*

Llegará en el momento menos esperado.
Mañana aparecerá su nombre en los periódicos.
El mes entrante sostendré un debate.
Mientras aterrizaba el avión casi todos los pasajeros dormían.

c) Lugar. Indican el sitio, espacio o lugar donde se realiza la acción; responden a la pregunta *¿dónde?*

Dora se sentó junto a la estufa.
Ahí venía él.
Paseó la mirada por donde estaban unos mendigos.

d) Cantidad. En general, sólo se emplean adverbios que indican medida, puesto que denotan cantidad. Responden a la pregunta *¿cuánto?*

Comió bastante.
A veces escribía mucho.
Pidió más.

Los adjetivos numerales no se emplean para formar complementos circunstanciales de cantidad; en expresiones como *compré cinco sillas*, el adjetivo *cinco* se refiere al sustantivo *sillas* y, junto con él, forma el objeto directo.

e) Instrumento. Aluden al objeto con el cual se realiza la acción; responden a la pregunta *¿con qué?*

Golpeó la mesa con el vaso.
Recortó las imágenes con unas pequeñas tijeras.
Amaestró al halcón con un método desconocido.

f) Compañía. Señalan con quién o con quiénes se realiza la acción:

Isabel se fue al puerto con sus dos perros.
Alfonsina quería ir a los llanos con nosotros.
Bailó conmigo.

g) Tema. Se presentan con verbos que aluden a las acciones de *leer, hablar, escribir, conversar, pensar*; expresan el asunto, argumento o tema sobre el que tratan dichos verbos; responden a la pregunta *¿sobre qué?*

No se cansaba de hablar sobre la eternidad.
La conferencia giró en torno a la medicina homeopática.
Conversaron sobre aparecidos durante toda la noche.

h) Causa. Manifiestan las razones o los motivos por los que se realiza la acción; responden a la pregunta *¿por qué?*

No fue a la guerra por miedo.
Adelgazó debido a la mala alimentación.
No vendió sus cuadros porque estaban muy mal hechos.

i) Finalidad. Expresan el objetivo o propósito que se persigue con el cumplimiento de la acción verbal. Responden a la pregunta *¿para qué?*

El caballo empezó a saltar por el establo para encontrar una salida.
Se ocultó en el almacén con el fin de esquivar a sus acreedores.
Da limosna para tranquilizar su conciencia.

j) Duda. Expresan incertidumbre.

Quizá encuentre un sentido distinto a esas acciones.
Tal vez podamos recuperar el terreno perdido.
¿Acaso es falsa tu humildad?

Complemento predicativo o atributo

Es el complemento que predica o informa sobre cualidades, atributos o peculiaridades del sujeto. Aparece en las oraciones con predicado nominal, es decir, con los verbos copulativos *ser* y *estar*; también puede presentarse con verbos de significado pleno:

Roberta era mi amiga.
El agua estaba turbia.
Este animal es la fiera más hambrienta del zoológico.
Los gritos se percibían desesperados.
Una de ellas se mostró bastante indiferente.
Las praderas se encontraban devastadas.

El predicativo se caracteriza porque siempre se refiere al sujeto y, en muchas ocasiones, concuerda con él en género y número.
Puede estar formado por:

a) Un sintagma nominal:

El arquitecto era un hombre de avanzada edad.
Remedios es un ser ajeno a la realidad.

b) Un sintagma adjetivo:

Angelina estaba muy avergonzada.
Una mano se alzó tímida.

c) Un pronombre:

Tú nunca serás eso.
El problema es aquél.
Lo somos.

d) Una oración:

El novelista es el que sabe.
La abeja reina es la que nunca trabaja.
Guadalupe es quien no quiere la herencia.
Morir es ausentarse definitivamente.

Es posible encontrar predicativos que se refieren al complemento directo; siempre concuerdan en género y número con él:

El juez declaró culpable al acusado.
Encontré hoy más dichosas a las bailarinas.
Veo a Jorge incapaz de trabajar.

Los complementos directos en las oraciones anteriores son al acusado, a las bailarinas, a Jorge; los predicativos son culpable, más dichosas, incapaz de trabajar, los cuales no deben confundirse con complementos circunstanciales de modo, puesto que éstos nunca pueden estar desempeñados por un adjetivo o sintagma adjetivo.

Complemento agente

Este complemento aparece solamente en las oraciones en voz pasiva y designa al agente de la acción verbal; a pesar de referirse a quien realiza la acción, no es el sujeto. Se introduce por la preposición por:

La historia de la humanidad ha sido escrita por unos cuantos.
Su trayecto fue interrumpido por una fuerte lluvia.
La segunda estrofa será leída por Manuel.
Sus obras han sido olvidadas por todos ustedes.
El jardín fue cuidado por quienes no salieron de viaje.

La preposición de se empleaba antiguamente para introducir el complemento agente: ese sirviente es favorecido del rey.

D) Elementos de afirmación y de negación

Los adverbios de afirmación y negación, *sí* y *no*, no siempre funcionan como complementos o modificadores del verbo. Pueden tener distintos usos y valores:

a) Suelen equivaler a una oración, en casos como:

¿Piensas trabajar hoy en la tarde?	—*Sí.*
¿Hiciste las correcciones al trabajo?	—*No.*

Las respuestas *sí* y *no* se consideran oraciones con el verbo omitido, pues equivalen a decir *sí pienso trabajar* y *no hice las correcciones*, respectivamente.

b) Funcionan como elementos enfáticos, es decir, refuerzan lo señalado por el verbo; la negación suele emplearse combinada con otro elemento negativo:

Carlos sí conoce a mis amigos.
Yo no sé nada.

c) El adverbio *no* sirve para negar distintos elementos oracionales:

Augusto *no* comió.	(Niega el verbo)
Augusto *no* comió uvas.	(Niega el objeto directo)
Augusto *no* comió uvas hoy.	(Niega el complemento circunstancial)

LA ORACIÓN COMPUESTA

Las oraciones simples son las que tienen un solo verbo, simple o perifrástico, con su correspondiente sujeto; cuando en un enunciado aparece más de un verbo, se trata de una oración compuesta.

La oración compuesta, también conocida como período, es la expresión que está formada por dos o más oraciones, entre las cuales se establece una relación:

Me alejé cuando se apagaba el crepúsculo.
La luna iluminaba la calle y los sonidos adquirían resonancia.
Nadie me negará que he tenido éxito con la novela que publiqué.

Dentro de la oración compuesta siempre es posible distinguir una oración principal; en los ejemplos anteriores, *me alejé, la luna iluminaba la calle* y *nadie me negará* son las oraciones principales, pues son unidades con independencia sintáctica y sin conjunciones o adverbios que las introduzcan y las vinculen con otros elementos.

La oración compuesta puede llegar a constituir una cláusula o un párrafo si todas las oraciones que componen este último, están relacionadas entre sí; una simple enumeración de oraciones no necesariamente equivale a una oración compuesta:

La tarde había caído sobre el poblado; algunos campesinos caminaban solitarios por las calles. A lo lejos se dibujaba en el cielo un relámpago repentino.

En el ejemplo anterior, las oraciones están separadas por signos de puntuación y no hay palabras que establezcan ningún tipo de enlace entre ellas; se trata de tres oraciones simples, independientes, que forman un párrafo, pero no una oración compuesta. En cambio, el siguiente enunciado sí constituye una oración compuesta porque las tres oraciones están enlazadas:

Te dije que no caminaras por esos barrios que no conoces.

La primera oración es la principal, *te dije*; la segunda es su objeto o complemento directo, *que no caminaras por esos barrios*; y la tercera, *que no conoces*, equivale a un adjetivo del sustantivo *barrios*.

La relación entre las oraciones puede establecerse mediante tres formas: coordinación, subordinación y yuxtaposición.

ORACIONES COORDINADAS

Las oraciones coordinadas se encuentran unidas mediante una conjunción o locución conjuntiva coordinante; cada una de las oraciones coordinadas tiene sentido completo, es decir, no depende una de otra. Las oraciones coordinadas pueden expresar diversas relaciones entre sí, pero ninguna de ellas llega a convertirse en complemento de la otra.

Con base en el significado que aporta el nexo o conjunción que relaciona las oraciones coordinadas, éstas se clasifican en copulativas, adversativas, disyuntivas y distributivas.

A) Copulativas

Son oraciones que se enlazan mediante una conjunción copulativa que indica suma o adición:

Mi madre es maestra y mi padre trabaja como oficinista.
No he solicitado aumento de sueldo ni lo haré en todo este mes.
La economía de nuestros países está en quiebra y las
devaluaciones de la moneda nos amenazan continuamente.

Las oraciones coordinadas pueden tener el mismo sujeto o éste puede ser diferente:

Los adolescentes indagan, buscan y preguntan.
Pedro lee novelas de terror y Alicia escucha música norteña.

Las conjunciones copulativas más usuales son: y, e, ni. Sólo se emplea e cuando la palabra que le sigue inicia con i- o hi-. Es común repetir la conjunción ni o combinarla con el adverbio no:

Gilberto toca la guitarra y canta canciones románticas.
Luis trabaja por las tardes e Irene lo hace por las mañanas.
Esa obra de teatro ni es comedia ni es drama ni es nada.
Sergio no come ni duerme.

La conjunción que puede ser copulativa cuando equivale a y:

Come que come.
Debes trabajar que no divertirte tanto.

En ocasiones la conjunción y tiene valor adversativo, es decir, puede equivaler a pero; aun en estos casos, las oraciones se siguen considerando copulativas:

Me *habló* muy claro y no le *entendí.*
Mi auto se *descompuso* y no lo *he arreglado.*

B) Adversativas

Son oraciones que expresan una contrariedad superable o insuperable. Las conjunciones adversativas más usuales son: *pero, mas, sino, sino que, no obstante, sin embargo, con todo, antes, antes bien*:

Ese camino al mar *es* muy bonito pero *es* muy peligroso.
Lo *invité* a mi casa pero no *aceptó.*
Debería descubrirse una vacuna para esa enfermedad mas, desgraciadamente, aún no se *ha conseguido.*
No *gastó* el dinero en reparaciones de su casa sino que lo *derrochó* todo en una fiesta.
Siempre *he creído* en la buena fortuna, sin embargo ahora *he llegado a tener* serias dudas.
A Aurelio no le *gustaba externar* sus opiniones en público, antes bien *prefería permanecer* en silencio.

La conjunción *aunque* puede ser adversativa cuando equivale a *pero*:

Estas motocicletas *son* muy veloces aunque *cuestan* demasiado.
Teresa *es* una buena persona aunque no lo *parece.*

C) Disyuntivas

Se caracterizan porque una oración excluye a la otra, es decir, una de las oraciones presenta una alternativa o dilema.

Las conjunciones más comunes son *o, u*; esta última sólo se usa cuando la palabra que le sigue empieza con **o-** u **ho-**:

Dinos la verdad o ya no te *volveremos a creer* nada.
Compra ese libro ahora o te *arrepentirás* después.
Teníamos que explicar el incidente u *ocultar* muy bien las evidencias.

D) Distributivas

Las oraciones distributivas expresan dos o más acciones alternativas. No existen conjunciones específicas para enlazar este tipo de oraciones; se acude a ciertas palabras que funcionan como nexos o conjunciones para establecer la correlación; las más comunes son: *ora...ora, éste...aquél, unos...otros, ya...ya, bien...bien, sea...sea*:

> *Ora* reían, ora *lloraban.*
> Éste *construye* cosas, aquél las *destruye.*
> Unos *cantaban,* otros *bailaban.*

A continuación se presenta un cuadro con todos los tipos de oraciones coordinadas:

Oraciones Coordinadas	
Clasificación	Ejemplos
Copulativas	Mi padre preparó la cena y todos se lo agradecimos
Adversativas	Escribió un libro pero nadie se lo quiere publicar
Disyuntivas	Te comes toda la ensalada o no te daré el postre
Distributivas	Durante su enfermedad, ya sentía calor, ya sentía frío

Cada oración coordinada puede analizarse como cualquier oración simple, es decir, tiene sujeto, predicado y sus complementos correspondientes; por ejemplo:

> Pedro reconoció sus errores en público **pero** no modificó su actitud.

Son dos oraciones coordinadas adversativas, unidas por la conjunción *pero.* La primera tiene como sujeto a *Pedro,* su verbo es *reconoció*, su objeto directo es *sus errores* y su complemento circunstancial es *en público.* La segunda oración tiene sujeto morfológico, su verbo es *modificó,* su complemento u objeto directo es *su actitud* y el adverbio *no* es un elemento que indica negación.

ORACIONES SUBORDINADAS

Las oraciones subordinadas están integradas dentro de otra oración, donde desempeñan una función específica; son parte de una oración principal y por ello no tienen independencia sintáctica ni semántica:

> El arquitecto *prohibió* que demolieran el edificio.

En el período anterior, el verbo de la oración principal es *prohibió;* su complemento directo es una oración subordinada: *que demolieran el edificio.* En forma aislada, esta oración no tiene sentido completo por sí misma, debido a que es complemento del verbo principal; es decir, es dependiente o subordinada.

Las oraciones subordinadas siempre tienen un verbo, conjugado o no conjugado, su propio sujeto, el cual puede ser el mismo que el de la oración principal, y sus complementos; a menudo están introducidas por una palabra de enlace, llamada nexo subordinante, que puede ser un pronombre relativo, una conjunción o frase conjuntiva, una preposición o frase prepositiva, un adverbio o frase adverbial:

La que conteste primero todas las preguntas...
Quien mencione esa clave secreta...
Si obtienes la beca...
...porque no sabe conducir un auto
...para obtener alguna ganancia
Sin decir una palabra...
Cuando llegamos a la sierra...
...como vivió en su infancia

Es frecuente encontrar oraciones subordinadas sin ningún elemento que las introduzca:

Lo *vi* haciendo ejercicio.
Se *sentía* atrapado en un laberinto.
Comer frutas y verduras *es* recomendable.

Las funciones que pueden desempeñar dentro de una oración principal son múltiples:

Es difícil hablar en público.	(Sujeto)
José Luis *supo* que lo iban a denunciar.	(Complemento directo)
Entregó su vida a quien lo amó.	(Complemento indirecto)
Ese individuo *es* el que habló mal de ti.	(Complemento predicativo)
La certeza de ganar el premio lo obsesionaba.	(Término de preposición)
La caricatura que me hiciste *es* muy cruel.	(Modificador de un sustantivo)
Encendemos el horno cuando hacemos pan en casa.	
	(Complemento circunstancial)

En términos generales, puede decirse que las oraciones subordinadas cumplen las mismas funciones que las desempeñadas por los sustantivos, los adjetivos y los adverbios; de acuerdo con esto, se clasifican en:

Oraciones sustantivas
Oraciones adjetivas
Oraciones adverbiales

A) Oraciones subordinadas sustantivas

Las oraciones de este tipo pueden encontrarse desempeñando todas las funciones que realiza un sustantivo dentro de una oración. Esto significa que en lugar de un sustantivo o sintagma nominal, siempre es posible encontrar una oración subordinada sustantiva.

Las oraciones subordinadas sustantivas pueden desempeñar las funciones de sujeto, complemento directo e indirecto, término de una preposición y complemento predicativo.

Oraciones sustantivas con función de sujeto

Estas oraciones desempeñan la función de sujeto de la oración principal:

Pintar con las manos *es* divertido.
Quien se acercó primero al estrado *era* un impostor.
El que ambiciona demasiado *puede sufrir* grandes decepciones.
Es indispensable que realicemos ese trámite.
No *es* admisible que renunciemos a nuestra vocación.

En lugar de las oraciones subordinadas anteriores, es posible colocar un sustantivo, un sintagma nominal o un pronombre, funcionando como sujeto:

Eso es divertido.
Aquel hombre era un impostor.
La gente puede sufrir grandes decepciones.
Es indispensable ese trámite.
No es admisible nuestra renuncia.

Las oraciones subordinadas sustantivas con función de sujeto pueden construirse con un infinitivo y sus propios complementos:

Convencer a mis padres me *resultó* muy difícil.
Ir a la Luna o a Marte *debe ser* algo increíble.
Actualmente *es* indispensable saber emplear una computadora.

Las oraciones subordinadas sustantivas, frecuentemente, son introducidas por un pronombre relativo:

Quien encuentra sentido a esas incoherencias *es* Roberto.
Los que revolucionan la ciencia no siempre *disfrutan* de sus beneficios.
Lo que te dije ayer *es* falso.

La conjunción *que* puede introducir una oración con función de sujeto:

Es interesante que nadie se haya enterado aún de esa noticia.
Que hicieran esos ejercicios le *preocupaba* muchísimo al maestro de música.
Me *gusta* que hayas tomado una decisión firme.

Oraciones sustantivas con función de complemento u objeto directo

Estas oraciones se llaman también completivas. Suelen estar introducidas por un pronombre relativo o por la conjunción complementante *que*:

Siempre *he tenido* lo que he necesitado.
En el avión *identificó* a los que me estaban vigilando.
Ramón *piensa* que ya es demasiado tarde para él.
Les pedimos que trajeran alguna pista.

En algunas ocasiones aceptan la conjunción *si*, algún pronombre, adverbio o frase interrogativa: *quién, qué, dónde, cuándo, cómo, por qué*. Esto sucede en el caso de las oraciones interrogativas indirectas con función de complemento directo. Este tipo de oraciones puede mantener u omitir la conjunción subordinante *que*:

El herido *preguntaba* que quién lo había lastimado.
Adalberto *gritó* que por qué lo perseguían.
Esteban no *sabe* si debe confiar en sus dos nuevos compañeros.
No me *dijo* dónde se realizaría la asamblea.
Nunca *sabrás* cuándo firmé el convenio.
Todos se *preguntaban* cómo lo habría hecho.
No *sé* por qué se habrá comportado de esa manera.

Como en todos los objetos directos animados, también los que están expresados mediante una oración subordinada, pueden tener al principio la preposición *a*:

Sólo *quería* a las que consideraba como hijas.
Rechazó a quienes lo criticaron.

Oraciones sustantivas con función de complemento u objeto indirecto

Las oraciones subordinadas sustantivas que funcionan como complemento indirecto están introducidas por un pronombre relativo y por las dos preposiciones que suelen acompañar este complemento: *a* y *para*. Ejemplos:

Regaló un boleto para Acapulco <u>al que obtuvo el primer lugar en el certamen</u>.

La compañía *dio* un aumento de sueldo <u>a los que tenían estudios especializados</u>.

Prepararé una sorpresa <u>para quien gane este partido de ajedrez</u>.

Pagaremos la multa <u>a quien esté autorizado por la ley</u>.

Les *expliqué* mi posición <u>a los que me lo solicitaron</u>.

Oraciones sustantivas con función de término o complemento de una preposición

Los modificadores indirectos o sintagmas preposicionales son complementos de los nombres y están formados por una preposición y un término: *casa* <u>de madera</u>. El término de una preposición es desempeñado, generalmente, por un sustantivo; debido a esto es posible encontrar en su lugar, una oración subordinada sustantiva que depende de un nombre, ya sea sustantivo o adjetivo. Son pocos los nombres que aceptan este tipo de complementos oracionales.

Estas oraciones suelen estar introducidas por la conjunción *que* precedida de una preposición:

El *hecho* <u>de que no cumpliera con el contrato</u> cambiaba las cosas.

Tu *idea* <u>de encender aquí una fogata</u> es maravillosa.

Nos paraliza el *miedo* <u>de que se pierdan las cosechas</u>.

Mi primo es muy *fácil* <u>de convencer</u>.

Están *satisfechos* <u>de que esas personas hayan reaccionado positivamente</u>.

Julián es muy *capaz* <u>de inventar pretextos para todo</u>.

Las oraciones subordinadas sustantivas con función de término o complemento de una preposición también pueden encontrarse con los llamados verbos prepositivos: *acordarse de, constar de, gustar de, preocuparse por, pensar en, ocuparse de*. Estos complementos, semánticamente, son muy parecidos a los objetos directos:

Nunca se *acordaba* de poner el reloj despertador.
Los políticos no siempre *piensan* en mejorar las condiciones de vida de sus comunidades.
En esa época Rafael se *preocupaba* por comenzar muy temprano su faena.

Este tipo de oraciones también suele emplearse como término de la preposición *por* en el complemento agente, dentro de una oración en voz pasiva:

La operación *fue filmada* por quienes contaban con equipo.
Fueron retirados todos los objetos robados por los que habían realizado la labor de rescate.
Las invitaciones *fueron repartidas* por quienes estaban interesadas en presentar un espectáculo distinto.

Oraciones sustantivas con función de complemento predicativo

La función de predicativo o atributo también puede ser desempeñada por una oración subordinada sustantiva. Estas oraciones siempre se presentan con los verbos copulativos *ser* y *estar*. Muchas veces carecen de alguna palabra de enlace que las introduzca y, cuando la tienen, suele ser un pronombre relativo:

Mi maestro de historia *fue* quien me prometió un mapa de Oceanía.
Su mascota *es* la que duerme en ese sillón.
No perdonar un agravio *es* estar un poco fuera del mundo.
Morir *es* olvidar.

B) Oraciones subordinadas adjetivas

Estas oraciones, también conocidas como relativas, siempre se refieren a un sustantivo o palabra sustantivada. Equivalen a un adjetivo y funcionan como modificadores directos de un nombre:

El *pino* que derribamos ayer era gigantesco.
En la constructora despidieron al *ingeniero,* el cual había diseñado el auditorio de la ciudad.
Ayer asamos la *carne* que nos trajeron de Sonora.
El *gato* que me regalaron se murió.

En lugar de las oraciones subordinadas anteriores, es posible colocar un adjetivo: *derribado, diseñador, traída, regalado.*

El sustantivo al que modifican estas oraciones puede encontrarse en el sujeto, en el complemento directo o indirecto, en el predicativo, etc.

Las oraciones adjetivas, generalmente, están introducidas por un pronombre relativo el cual tiene como antecedente el sustantivo al que modifica; concuerda con él en género y número. Los pronombres relativos más usuales son *que, quien, quienes, el que, la que, los que, las que, cuyo, cuya, cuyos, cuyas*; el único pronombre invariable es *que*. En ocasiones pueden ir precedidos de una preposición:

Nunca olvidamos los *errores* que cometen los demás.

Acabamos de ver la *obra* que nos recomendaron.

Esos *ciclistas,* los cuales se inscribieron en la competencia, son extranjeros.

Aquéllos que mienten cotidianamente se exponen a ser descubiertos en cualquier momento.

La *carta* a la que te refieres está guardada en una caja de seguridad.

El *maestro* por quien votamos todos para presidente es un anarquista.

El *barco* en que viajaban llegó al puerto en medio de grandes peligros.

Las *casas,* cuyas ventanas sean lo suficientemente grandes, se cotizarán a mejor precio.

Los *árboles,* bajo cuya sombra descansamos ayer, son desconocidos en mi pueblo.

También suelen usarse como nexos los adverbios *donde, como, cuanto,* en los casos en que tienen como antecedente un nombre:

El *país* a donde te vas a estudiar tiene un clima muy extremoso.

La *manera* como actuaron los vecinos fue muy criticada.

Todo cuanto hacía era sospechoso.

Estos nexos son adverbios e introducen oraciones adverbiales cuando no se refieren a un sustantivo: *trabajo donde siempre he querido, vivimos como podemos.*

Las subordinadas adjetivas pueden carecer de nexo cuando tienen un verbo en participio, siempre que este último funcione como verbo, es decir que tenga complementos verbales; si no los tiene, se le puede considerar como un simple adjetivo:

El pan horneado estaba riquísimo.

El pan *horneado* en tu casa estaba riquísimo.

En la primera oración, el participio *horneado* es adjetivo y funciona como modificador directo del sustantivo *pan*, dentro del sujeto. En la segunda, el participio *horneado* forma una oración subordinada adjetiva, junto con su complemento circunstancial de lugar *en tu casa*. A continuación se presentan otros ejemplos de este tipo de oraciones subordinadas adjetivas:

El cielo <u>ennegrecido por las nubes</u> me daba miedo.
El vestido <u>bordado con tanto esmero por Elisa</u> fue destrozado en la lavandería.
Los árboles <u>dañados en sus raíces</u> no volvieron a florecer.

Existen dos clases de oraciones subordinadas adjetivas: las explicativas o incidentales y las determinativas o especificativas.

Oraciones adjetivas explicativas

Tienen carácter calificativo, es decir, expresan una cualidad, defecto o particularidad del sustantivo al que modifican; por ello se escriben entre comas y son prescindibles:

Mi *suegra*, <u>que es muy diligente</u>, hizo todos los preparativos para la ceremonia.
Raimundo, <u>quien frecuenta poco las fiestas</u>, no asistió a la reunión de bienvenida en la universidad.
Daniel, <u>quien suele ser indiferente</u>, no me reconoció ayer en la cafetería.

Oraciones adjetivas determinativas o especificativas

Determinan el sustantivo al que se refieren; se diferencian de las anteriores en que no se escriben entre comas, ni hay pausa al pronunciarlas, además de que no son prescindibles:

Los *hombres* <u>que recibieron tratamiento psiquiátrico</u> mostraron un cambio en su conducta.
El budismo es una *religión* <u>que tiene muchos adeptos</u>.
¿Qué utilidad le encuentras a ese *trabajo* <u>que te dieron</u>?

C) Oraciones subordinadas adverbiales

Las oraciones subordinadas adverbiales cumplen las funciones propias de los adverbios, por ello se llaman también circunstanciales. Expresan los múltiples tipos de condiciones o circunstancias en las que se realiza la acción del verbo principal. Como palabras de enlace emplean diversos tipos de nexos: conjunciones, locuciones conjuntivas, adverbios, locuciones adverbiales, preposiciones, así como combinaciones entre ellos:

Todos *estaban* muy familiarizados con el poema *porque* eran profesores de literatura.

Si te quedas, me *marcho*.

Las cosas no *son como* tú has dicho.

¿Qué explicaciones *darás cuando* se descubra el fraude?

Las oraciones adverbiales se clasifican de acuerdo con el tipo de circunstancia que expresan:

Locativas
Temporales
Modales
Comparativas
Consecutivas
Causales
Finales
Condicionales
Concesivas

Oraciones adverbiales locativas

Expresan el lugar donde se realiza la acción del verbo principal; equivalen a un complemento circunstancial de lugar. Generalmente van introducidas por el adverbio *donde*, al cual se le puede agregar una preposición:

Te *espero* donde ya sabes.

Ellos *comían* donde era posible.

Caminó por donde le fueron indicando.

Vive donde nadie conoce la miseria.

Llegó hasta donde se lo permitieron las circunstancias.

Oraciones adverbiales temporales

Sitúan en el tiempo la acción del verbo principal; equivalen a un complemento circunstancial de tiempo. Las palabras que más frecuentemente se emplean como nexos o enlaces son: *cuando, mientras, mientras que, en cuanto, antes de que, después de que, desde que, apenas, tan pronto como, luego que*:

Cuando nos hartemos de tanta mentira, quizá ya *sea* demasiado tarde.
Empecé a hacer muy bien las cosas después de que me comunicaron mi inminente despido.
No *expreses* ninguna opinión, mientras estés trabajando en esa oficina.
En cuanto apareció el anuncio en el pizarrón electrónico mis amigos *comenzaron a gritar* de gusto y emoción.
Antes de que comiencen las lluvias *tenemos que preparar* la tierra.
Se *volvió* muy descuidado desde que aumentó de peso.
Apenas amaneció, don Pablo *fue a revisar* las caballerizas.

Es frecuente el empleo de oraciones con formas no personales del verbo, infinitivos, participios o gerundios, en la construcción de oraciones subordinadas temporales:

Partiremos al salir el sol.
Dichas aquellas amenazadoras palabras, salió del recinto.
Caminando ayer por la Avenida de las Américas me *encontré* con ella.

Oraciones adverbiales modales

Indican la manera como se desarrolla la acción del verbo principal; desempeñan la misma función que los adverbios de modo. Los nexos más frecuentes para introducir estas subordinadas son: *como, como si, igual que, según, sin, sin que, conforme:*

Andrés se *explicó* como convenía a sus intereses.
Paula *baila* como le enseñaron en la academia.
Las bibliotecas siempre *requieren* de una constante actualización, como dijo mi maestro.
Lloraba como si lo fueran a matar.
El ingeniero *diseñó* el edificio como si éste fuera a ser un museo.
Llenó el formato según le habían explicado.
Nos *pagarán* según lo que trabajemos.
Se *fue* de la casa sin que se dieran cuenta.
Rebeca *camina* sin fijarse en nada.
El abogado *actuó* conforme lo señala la ley.

Las oraciones subordinadas modales pueden carecer de nexo o palabra de enlace cuando su verbo es un gerundio:

Julio *salió* dando un portazo.
Esa gente se *pasa* la vida inventando fantasías.

Ayer *estudié* pensando en viajes y aventuras.
Riéndose a carcajadas nos *contó* lo sucedido.

A menudo estas oraciones pueden omitir el verbo; esto sucede cuando el verbo subordinado es el mismo que el de la oración principal:

Jerónimo *habló* como (habla) un orador.
Te *comportas* como (se comporta) un niño pequeño.
Un cielo sin estrellas *es* como (es) un mar sin olas.

En ocasiones, al adverbio comparativo *como* se le puede agregar la preposición *para*, con lo cual se añade un matiz de finalidad, sin que por ello se pierda el significado modal:

Aceptó el ofrecimiento de empleo en Alaska, como para consolarse de sus fracasos.
Su educación no *es* como para comportarse de esa forma.

Oraciones adverbiales comparativas

Estas oraciones subordinadas adverbiales comparan la cantidad o cualidad entre dos o más cosas; siempre implican la idea de cantidad o intensidad: *trabaja tanto como..., es tan alto como...* Tienen la característica de establecer una correlación debido a su propia naturaleza comparativa.

Es muy común suprimir el verbo de la oración subordinada, pues es el mismo que el de la oración principal: *es tan inteligente como tú* (*eres*).

La comparación puede establecerse en términos de igualdad o desigualdad; para el primer tipo comúnmente se emplean los nexos correlativos *tan...como, tanto...como, tal...como.* La comparación de desigualdad, puede presentarse como de superioridad o de inferioridad, y se emplean los nexos *más...que, mejor...que, mayor...que, menos...que, peor...que..., menor...que*:

Mis abuelos *fueron* tan generosos como sólo ellos sabían serlo.
Fernando *trabajó* tanto como se lo permitieron sus fuerzas.
La arena de las playas del Caribe *es* tan fina como el talco.
Hay que ser más precavidos que audaces.
Este postre *es* mejor que cualquier pastel.
Los animales enjaulados *son* menos felices que los libres.
Mi ración *es* menor que la tuya.

Oraciones adverbiales consecutivas

En estas oraciones se enuncia la conclusión o continuación lógica de lo que se ha dicho en la oración principal.

Los nexos más usuales para introducir este tipo de oraciones son *conque, así es que, por consiguiente, por lo tanto, luego*:

Armando *suele fantasear* mucho conque no le creas sus historias.
No *hicimos* las reservaciones a tiempo, así es que no iremos a la representación.
A ustedes les *encanta* la natación, por consiguiente inscríbanse en un club más adecuado.
La propuesta de la empresa le *provocó* desconfianza, por lo tanto, a última hora no firmó el contrato de compra-venta.

Las oraciones subordinadas consecutivas también pueden expresar la consecuencia, el efecto o el resultado de lo que se ha dicho en la oración principal. Este tipo de oraciones emplea como nexo la conjunción *que*, el cual es correlativo con alguna palabra incluida en la oración principal: *tanto...que, tan...que, tal...que*.

Llovió tanto que se inundó.
Habló de tal manera que convenció a todo el mundo.
Remigio es tan distraído que no se percató de nada.
Le gustó tanto la película que fue a verla tres veces.
Se sentía tan angustiado que se enfermó.

Oraciones adverbiales causales

Expresan la causa de lo señalado en la oración principal. Equivalen al complemento circunstancial de causa.

Los nexos que se emplean con mayor frecuencia son *porque, pues, puesto que, dado que, por, ya que, a causa de que, dado que, en vista de que*:

No *juegues* conmigo porque yo siempre gano.
No le *presten* mucha atención a ese hombre, pues sólo está haciendo proselitismo en favor de su partido.
Debes ver este nuevo documental puesto que estás interesado en el estudio de los insectos.
Por no saber nada de la ciudad de Calcuta *recibió* una reprimenda terrible en el examen oral.
Prefirió quedarse en casa ya que anunciaron una fuerte tormenta.

Oraciones adverbiales finales

Las oraciones subordinadas finales indican la finalidad o el propósito que se busca al realizar la acción del verbo principal.

Se caracterizan porque su verbo, cuando está conjugado, siempre está en subjuntivo. Los nexos más usuales para introducirlas son: *para, para que, a fin de que, con el fin de que*:

Fue a Canadá para participar en el congreso sobre teoría literaria.
Mi último descubrimiento me *animó* para continuar con la investigación.
Lo *presionaron* en la empresa para que renunciara a su cargo.
Con el fin de que no niegue lo sucedido, los miembros del jurado buscarán nuevos testigos del accidente.

Oraciones adverbiales condicionales

En estas oraciones se enuncia la condición o requisito que debe cumplirse para que sea posible la realización del verbo principal.

Los nexos más comunes son: *si, siempre que, en caso de que, como*:

Si no tiene dinero no *podrá pagar* la multa.
Te *hubieras divertido* mucho si hubieras escuchado su charla.
Firmaremos el convenio siempre que se especifiquen las responsabilidades de cada participante.
Te castigaré duramente, como no regreses antes de medianoche.

Es común añadir la preposición *por* a la conjunción condicional *si*; con ello se introduce un matiz causal a la oración subordinada, aunque ésta sigue considerándose condicional:

Te lo *digo* por si no lo sabes.
Les dejaremos aquí las llaves del auto por si se animan a venir con nosotras.

Oraciones adverbiales concesivas

Las oraciones subordinadas concesivas manifiestan una dificultad u objeción para que se realice la acción del verbo principal; esta dificultad o inconveniente, sin embargo, no impide el cumplimiento de la acción verbal.

Las oraciones concesivas tienen implícita la idea de causalidad y eso las diferencia de las coordinadas adversativas; en el período, *aunque hace frío iremos al paseo,* la oración concesiva *aunque hace frío* manifiesta la causa por la cual no se podría realizar la acción del verbo principal *iremos.* Esto no sucede con las coordinadas adversativas, pues éstas no tienen una idea de causalidad: *Julieta es muy inteligente pero su hermano es un tonto. Mi perro es de raza pura aunque se ve muy feo.*

Las palabras que comúnmente se emplean como enlaces de estas oraciones son *aunque, por más que, aun cuando, a pesar de que, si bien,* así:

Aunque se lo juré varias veces, no me lo *creyó.*
Alejandro *será* nuestro jefe, aunque no nos guste.
No quiso *aceptar* la dirección de la revista por más que le rogamos.
No *terminó* su tesis aun cuando le dieron una beca por tres años.
A pesar de que tenía poco dinero *realizó* un viaje a Centroamérica.
Así me lo pidas de mil maneras no *volveré a confiar* en ti.

A continuación se presenta un cuadro con todos los tipos de oraciones subordinadas:

Oraciones Subordinadas		
Clasificación		**Ejemplos**
Sustantivas	Con función de sujeto	*Bailar* es una necesidad
	Con función de objeto directo	Gastó *lo que le pagaron*
	Con función de objeto indirecto	Regaló su fortuna *a quienes amaba*
	Con función de predicativo	Lo importante es *lo que está en juego*
	Con función de término	Lo asustó la certeza de *que moriría*
Adjetivas	Explicativas	Mi casa, *que es muy fría,* tiene dos pisos
	Determinativas	La carne *que comí* tenía un sabor raro
Adverbiales	Locativas	En su bicicleta Ruth va *a donde quiere*
	Temporales	Preparé la cena *mientras terminas*
	Modales	Corría *como si lo persiguiera un perro*
	Comparativas	Es más aburrido quedarse en casa *que ir a esa fiesta*
	Consecutivas	Su discurso fue tan conmovedor *que todos lloraron*
	Causales	No terminó su licenciatura *porque no quiso*
	Finales	Memorizó el poema *para decirlo en el recital*
	Condicionales	El naranjo se secará *si no lo regamos*
	Concesivas	Todos lo notarán *aunque disimules*

ORACIONES YUXTAPUESTAS

Las oraciones yuxtapuestas son aquéllas que carecen de nexos o palabras de enlace; se encuentran unidas por medio de signos de puntuación:

Ven conmigo, te enseñaré la biblioteca.
Todos estábamos impacientes; sólo esperábamos el final.
No me gusta el té, prefiero el café.

Estas oraciones no tienen nexos que las introduzcan o las enlacen, pero puede existir una relación específica entre ellas. Esta relación, que es de naturaleza semántica, equivale a la que establece un nexo coordinante o uno subordinante; a pesar de ello, se consideran oraciones yuxtapuestas, debido a la ausencia de un elemento coordinador o subordinador. Por ejemplo:

La conoció hace un año; no la ha vuelto a ver.
El mapamundi estaba en el centro del estudio, se veía espectacular.
Arcelia cerró la ventana, llovía demasiado.
Patricia y Rolando siempre tenían la misma conversación, se veían aburridos.

ESTRUCTURA DE LA ORACIÓN COMPUESTA

Todas las oraciones coordinadas, subordinadas y yuxtapuestas pueden analizarse como cualquier oración simple, es decir, todas ellas tienen sujeto, predicado y sus complementos correspondientes; por ejemplo:

Armandina dijo que ella deseaba leer toda la obra de José Saramago.

La oración subordinada sustantiva anterior es complemento directo del verbo principal dijo; pero tiene su propia estructura interna, pues su sujeto es ella, su verbo es deseaba leer, su complemento directo es toda la obra de José Saramago.

Es posible encontrar, dentro de una oración subordinada, otra u otras oraciones subordinadas:

Las dos hermanas elaboraron un plan perfecto para que la discusión que tenían sus hermanos no terminara como pleito.

En el período anterior, el verbo principal es elaboraron, el cual tiene una oración subordinada adverbial final como su complemento: para que la discusión que tenían sus hermanos no terminara como pleito. Dentro de esta oración adverbial, que tiene como nexo subordinante *para que*, el sujeto es *la discusión que tenían sus hermanos*, su verbo es *terminara*, y su complemento circunstancial modal es *como pleito*. Dentro del sintagma nominal *la discusión que tenían sus hermanos* aparece una oración subordinada adjetiva *que tenían sus hermanos*, la cual modifica al sustantivo *discusión*. En la oración adjetiva, el sujeto es *sus hermanos*, el verbo es *tenían* y su complemento directo es el pronombre relativo *que*. Esto mismo puede representarse en un esquema o diagrama como el siguiente:

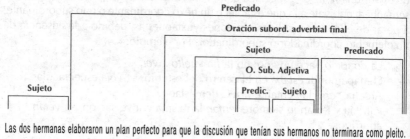

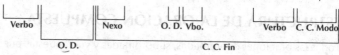

Las dos hermanas elaboraron un plan perfecto para que la discusión que tenían sus hermanos no terminara como pleito.

Cuando un pronombre o un adverbio es el nexo que introduce la oración subordinada, éste desempeña una función sintáctica específica dentro de la oración, además de ser nexo subordinante; cuando el nexo es una conjunción, preposición o locución, éste sólo desempeña la función de nexo o palabra subordinante, porque tanto las preposiciones como las conjunciones no son palabras con significado léxico pleno, son partículas subordinadoras. Debido a que las oraciones adjetivas comúnmente están introducidas por un nexo que es un pronombre relativo, éste cumple, además de la función de enlace, la función de ser sujeto, objeto directo, indirecto o complemento circunstancial, dentro de la oración subordinada:

Conseguí el *libro que* habla sobre los mitos de Occidente.
                              Sujeto
Las *personas que* vieron el encuentro son pocas.
                              Sujeto

¿Cuál respuesta darías a ese *problema* <u>que te plantearon</u>?

Objeto directo

La *historia* <u>que me contaron</u> era totalmente falsa.

Objeto directo

El *profesor* <u>a quien</u> entregué mi tesis es alemán.

Objeto indirecto

Vendí el *auto* <u>al que le había puesto aire acondicionado</u>.

Objeto indirecto

Recordé aquel *verso* <u>con el que conquistaste a José</u>.

C. Circunstancial

Este es el *sitio* <u>donde se firmó la Constitución</u>.

C. Circunstancial

En el caso de las oraciones sustantivas sucede lo mismo cuando éstas tienen un pronombre relativo como palabra de enlace; esta última cumple una función sintáctica específica dentro de la oración subordinada, además de ser nexo subordinante:

<u>Quienes llegaron temprano</u> hablaron a su favor.

Sujeto

Compró <u>lo que tanto había deseado</u>.

Objeto directo

Les dije la verdad <u>a quienes estaban presentes</u>.

Sujeto

Los adverbios que introducen oraciones subordinadas también tienen dos funciones: ser nexos subordinantes y ser complementos circunstanciales dentro de la oración subordinada:

<u>Cuando terminó su tarea</u> se sintió libre y feliz.

C. Circunstancial temporal

Siempre ha trabajado <u>donde le pagan bien</u>.

C. Circunstancial locativo

APÉNDICE DE ORTOGRAFÍA

USO DE GRAFÍAS

Se escribe B:

1. Antes de **-l** o **-r**

tabla	obligar	blusa	hablar	blanco
brillo	broma	brujo	bruma	abrazar

2. Después de **m-**

ambos	ambiguo	embajador	tambor	cambiar

3. En los prefijos **bi-**, **bis-**, **sub-**

bipolar	bisnieto	subdirector
bilabial	bisabuelo	subíndice

4. En palabras que empiezan por **bur-**, **bus-**

burbuja	bursátil	burla	burdel
busto	búsqueda	busco	buscón

5. En las terminaciones **-ble**, **-bilidad**, **-bundo**, **-bunda**. Excepto *movilidad, civilidad*, que son derivados de *móvil* y *civil*

flexible	corregible	comprable
amabilidad	habilidad	durabilidad
tremebundo	vagabundo	nauseabunda

6. En las palabras que empiezan por **bien-** o la forma latina **bene-**, siempre y cuando esté presente el sentido de *bueno, bondad*

bienestar	bienaventurado	bienvenido
benefactor	beneficio	beneplácito

7. En las terminaciones del tiempo copretérito de los verbos que lo forman mediante las desinencias **-aba**, **-abas**, **-aba**, **-ábamos**, etcétera. También las formas verbales del verbo *ir* en este mismo tiempo

amaba	caminaban	pintaba	cantábamos
íbamos	iban	iba	ibas

8. En todas las formas verbales, cuyo infinitivo termina en **-buir**, **-bir**. Excepto *hervir, servir, vivir* y sus derivados

recibió	concebían	prohibido	contribuir
distribuir	atribuir	concebir	percibir

Se escribe V:

1. Después de **b-**, **d-**, **n-**

obvio	subversivo	subvenir
adverso	adverbio	adversario
enviar	invierno	invocar

2. Cuando las palabras comienzan con **eva-**, **eve-**, **evi-**, **evo-**. Excepto *ébano, ebanista*

evadir	evaporado	evaluar
eventualidad	evento	Evelina
evidente	evitar	evidenciar
evocar	evolución	evocado

3. Cuando las palabras empiezan con las sílabas **di-**, **le-**, **sal-**, **cla-**. Excepto *dibujar* y sus derivados

diverso	divertido	levita	levantar	leve
salvo	salvaje	clavar	clave	clavel

4. Todas las palabras que inician con **vice-** y **villa-**. Excepto *billar, bíceps* y sus derivados

vicecónsul	vicerrector	villancico	Villahermosa

5. En los adjetivos terminados en **-avo**, **-ava**, **-evo**, **-eva**, **-ivo**, **-iva**

octavo	nuevo	vengativa	lesivo	decisiva
primitivo	longeva	pasivo	activo	agresivo

6. En las palabras terminadas en **-ave**, **-eve**. Excepto *árabe*

suave	ave	grave	breve	leve

7. Todas las formas del pretérito de indicativo y de subjuntivo de los verbos *tener, andar* y *estar*

tuvo	tuviera
anduve	anduviéramos
estuvimos	estuvieras

8. Todas las formas del presente de indicativo, imperativo y subjuntivo del verbo *ir*

voy	vamos	ve	vaya	vayas

Algunas palabras homófonas con b y v:

tubo	(conducto, cilindro)	tuvo	(del verbo *tener*)
botar	(una pelota)	votar	(emitir un voto)
bello	(hermoso)	vello	(pelo)
acerbo	(áspero al gusto)	acervo	(caudal, montón)
bacilo	(bacteria)	vacilo	(del verbo *vacilar*)
bienes	(propiedades)	vienes	(del verbo *venir*)

Se escribe **C**:

1. En las palabras terminadas en -**ancia**, -**encia**, -**ancio**, -**encio**, -**uncia**, -**uncio**. Excepto *ansia, hortensia*

   prestancia   esencia   rancio   denuncia   anuncio

2. En las desinencias de diminutivo: -**cito**, -**cita**, -**cico**, -**cica**, -**cillo**, -**cilla**, excepto cuando hay una -**s**- en la última sílaba de la palabra: *casita, bolsita, masita, cosita*

   ratoncito   leoncita   rinconcito   hombrecillo   florecilla

3. En las palabras terminadas en -**cida**, cuando está presente el sentido de *matar*

   parricida   raticida   insecticida   suicida

4. En las formas plurales de las palabras que terminan en -**z**

   feroces   cruces   rapaces   peces   lápices

5. En los verbos terminados en -**cer**, -**cir**. Excepto *ser, coser, toser, asir*

   crecer   mecer   atardecer   uncir   lucir   conducir

6. En los verbos terminados en -**ciar**. Excepto *ansiar, extasiar, lisiar*

   rociar   enunciar   anunciar   pronunciar

Se escribe **S**:

1. En palabras que empiezan con **des**-, **dis**-. Excepto *dizque*
   despintar   desesperar   disgusto   distinto
2. En los adjetivos que terminan en **-oso**, **-osa**
   mañoso   glorioso   ocioso   amoroso   horroroso
3. En la desinencia **-ísimo**, **-ísima** de los superlativos
   hermosísimo   altísimo   grandísimo   feísimo
4. En palabras que inician con los grupos **as**-, **es**-, **is**-, **os**- seguidos de consonante. Excepto *izquierda, azteca*
   astucia   asma   estado   isla   oscuro   espía
5. En palabras terminadas en **-ista** y en **-ismo**
   recepcionista   telefonista   comunismo   budismo
6. En sustantivos terminados en **-sión**, relacionados con adjetivos terminados en **-so**, **-sor**, **-sible** y **-sivo**
   confusión (confuso)   sucesión (sucesor)
   comprensión (comprensible)   evasión (evasivo)
7. En las desinencias del pretérito de subjuntivo **-ase**, **-ese**
   amase   trabajase   comiese   saliese

Se escribe **Z**:

1. En las palabras terminadas en **-anza**, **-azgo**. Excepto *mansa, transa*
   añoranza   esperanza   enseñanza
   liderazgo   hallazgo   noviazgo
2. En los verbos derivados formados con el sufijo **-izar**. No entran en esta regla los verbos que tienen en su raíz la desinencia **-isar**, como *requisar, precisar, pisar*
   atomizar   agudizar   amenizar   sintetizar   divinizar
3. En las desinencias **-zuelo**, **-zuela** de los despectivos. También en la terminación **-azo** de superlativo
   mozuelo   escritorzuelo
   cazuela   mujerzuela
   cañonazo   pitazo

4. En las desinencias verbales de algunos tiempos, en el caso de verbos cuyo infinitivo se escribe con **c**

crezco   envejezcan   conozco   nazca   parezco

Algunas palabras homófonas con c, s o z:

meses	(plural de mes)	meces	(del verbo *mecer*)
serrar	(cortar con sierra)	cerrar	(verbo)
enseres	(objetos)	enceres	(del verbo *encerar*)
cause	(del verbo *causar*)	cauce	(lecho del río)
seda	(tela)	ceda	(del verbo *ceder*)
sien	(parte de la frente)	cien	(número, cantidad)
ves	(del verbo *ver*)	vez	(ocasión)
sumo	(del verbo *sumar*)	zumo	(jugo o líquido de las frutas)
asar	(verbo)	azar	(destino, suerte)

Se escribe H:

1. En todas las palabras que empiezan con **hum-, hue-, hui-, hie-, hia-**. Excepto *umbilical, umbral, umbrío*

humo   humedad   hueso   huir   hiena   hiato

Existen palabras cuyos derivados se escriben con **h**, aunque las palabras de donde proceden no la lleven; esto se debe a la regla anterior

huele   (oler)   hueco   (oquedad)
huérfano   (orfandad)   hueso   (óseo)

2. En las palabras que empiezan con **homo-, hetero-, hexa-, hect-, hepta-, herm**. Excepto *ermita* y sus derivados

homogéneo   heterodoxo
hexágono   hectárea
heptasílabo   hermoso

3. En algunas interjecciones se escribe **h** al final de la palabra

¡Ah!   ¡Eh!   ¡Huy!   ¡Bah!   ¡Oh!

Se escribe G:

1. En todas las formas de los verbos cuyo infinitivo termina en -**ger**, -**gir**. Excepto *tejer, crujir*

coger   fingirá   protegerían   regiremos

Se escribe **j** cuando antecede a una **a** u **o**:

coja	finjo	proteja	rijo

2. En palabras terminadas en -**gente**

vigente	regente	contingente	insurgente

3. En palabras que se construyen con **geo**-

geografía	geológico	geometría	apogeo

4. En palabras que tienen las terminaciones -**gio-a**, -**ogía**, -**ógico-a**

contagio	magia	prodigio	elogio	vestigio
prestigio	hemorragia	biología	patológico	lógica

Se escribe **J**:

1. En los conjuntos **ja, jo, ju**

caja	jabón	jolgorio	joven	junto	juez

2. En sustantivos y adjetivos terminados en -**jero**, -**jería**. Excepto *ligero, flamígero*

relojero	conserjería	cerrajería

3. En palabras que comiencen con **aje**-, **eje**-. Excepto *agencia, agente, agenda, Egeo* y sus derivados

ajeno	ajedrez	ejecutivo	ejemplo	ejercer

4. En palabras terminadas en -**aje**. Excepto *ambage*

ramaje	lenguaje	paraje	viaje

5. Las formas verbales del pretérito de indicativo y pretérito y futuro de subjuntivo de los verbos terminados en -**decir**, -**ducir**, -**traer**

conduje	condujera	condujere
traje	trajera	trajere
aduje	adujera	adujere
redujo	redujera	redujere

USO DE MAYÚSCULAS

1. Al principio de cualquier escrito, así como después de punto y seguido y punto y aparte.

2. Todos los nombres propios: Rosa García, Platón, Guatemala, América, Everest, Lima, Amazonas.

— El título de un libro, película, artículo, obra escultórica, pictórica, musical: *El llano en llamas, Amarcord, El placer que el teatro nos procura, La victoria de Samotracia, Las meninas, La novena sinfonía.*

— Los tratamientos y títulos, si están abreviados, así como los nombres de dignidad: Lic., Dr., Sr., Ud., Sumo Pontífice.

— Nombres que se refieren a órganos de gobierno, corporaciones y sociedades: Congreso de la Unión, Tratado de Libre Comercio, Sociedad de Escritores Latinoamericanos.

— Los nombres, calificativos y apodos con que se designa a determinadas personas: El Cid Campeador, Alfonso el Sabio, Juana la Loca.

— Los sustantivos y adjetivos que componen el nombre de una institución, o de un establecimiento comercial: Supremo Tribunal de Justicia, Museo de Bellas Artes, Universidad Nacional Autónoma de México, Banco de los Andes.

— Las siglas y abreviaturas que representan el nombre de organismos, instituciones o países: ONU, S. A., ONG, EE.UU.

— El número romano que designa reyes, papas y siglos: Pío V, Fernando III, siglo XX.

— Épocas, períodos históricos, acontecimientos, celebraciones: Edad Media, Revolución Mexicana, Semana Santa.

3. Los conjuntos **ch** y **ll**, llevan mayúscula sólo en la **C** o **L** iniciales, respectivamente: Chihuahua, China, Llosa, Llorente.

El acento ortográfico debe mantenerse en las mayúsculas: Álvaro, África, Océano Índico.

Los nombres de los días de la semana, de los meses, de las estaciones del año y de las notas musicales, se escriben con minúscula, salvo que inicien párrafo.

ÍNDICE ANALÍTICO

Esta obra se terminó de imprimir en Febrero de 2014
en los talleres de Edamsa Impresiones S.A. de C.V.
Av. Hidalgo No. 111, Col. Fracc. San Nicolás Tolentino,
Del. Iztapalapa, C.P. 09850, México, D.F.